SNACK BOARDS

FINGERFOOD AUS ALLER WELT ZUM GEMEINSAMEN GENIESSEN

Deutsche Erstausgabe

1. Auflage 2024
© ars vivendi verlag GmbH & Co. KG
Bauhof 1, 90556 Cadolzburg

Deutsche Übersetzung: Carla Gröppel-Wegener
Lektorat: Annalena Denninger
Korrektorat: Denise Maurer
Einband und Satz: Sandra Frick, lomyli-design.de

Printed in China
ISBN 978-3-7472-0587-7

Titel der Originalausgabe: The Grazing Table

First published in Great Britain in 2023 by Hamlyn,
an imprint of Octopus Publishing Group Ltd.
Carmelite House
50 Victoria Embankment
London EC4Y 0DZ
www.octopusbooks.co.uk

An Hachette UK Company
www.hachette.co.uk

Editorial Director: Natalie Bradley
Senior Editor: Leanne Bryan
Copyeditor: Joanna Smith
Art Director: Jaz Bahra
Food Stylist: Natalie Thomson
Props Stylist: Christina Mackenzie
Photographer: Andrew Burton
Designer: Geoff Fennell
Production Controllers: Lucy Carter & Nic Jones

Anmerkung des Herausgebers:
Die Abbildungen dienen nur zur Veranschaulichung und sind nicht repräsentativ für die Rezeptmengen.

NATALIE THOMSON

SNACK BOARDS

FINGERFOOD AUS ALLER WELT ZUM GEMEINSAMEN GENIESSEN

ARS VIVENDI

Für meinen Ehemann Ian und Sohn Theo, die immer essen, was ich ihnen vorsetze.

Und für meine Großmutter Jean, von der ich all dies gelernt habe.

Inhalt

Einführung

Häppchen, Käse, Aufschnitt, Fingerfood und Co., schön angerichtet auf einer Platte – so lassen sich Freunde, Familie und Gäste einfach und mit minimalem Arbeitsaufwand bewirten. Dabei sieht das Ganze großartig aus und kommt immer gut an.

Ein Snack-Board geht weit über die schnöde Käse-Wurst-Platte hinaus und kann selbst aus einer einfachen Zusammenkunft etwas ganz Besonderes machen: Das Essen wird geteilt, alle kommen ins Gespräch und probieren Neues. Das kann mehr Freude bereiten als eine traditionelle Mahlzeit zu Tisch. Dabei müssen die Mengen auch nicht erdrücken. In diesem Buch stelle ich Ihnen Snack-Boards in verschiedensten Größen vor, für einen romantischen Abend zu zweit, bis zum Familientreffen für zehn Personen und mehr. Und selbstverständlich können die Mengen für all diese Boards auf- oder abgerundet werden. Suchen Sie sich einfach aus, worauf Sie Lust haben, und passen Sie es dann an die Anzahl Ihrer Gäste an.

Ein Snack-Board könnte mit einem Neugeborenen verglichen werden: Alle fühlen sich davon angezogen und wollen einen guten Blick erhaschen. Einmal habe ich einen riesigen Tisch mit solchen Snacks für eine Hochzeit mit 200 Gästen kreiert, mit Käse, Desserts und Früchten. Alle waren so begeistert (und beschwipst), dass sie sich bedienten, bevor ich mit dem Anrichten fertig war. So kam es, dass ich nur am Auffüllen war, weil das Essen schneller verschwand als ich es arrangieren konnte. Wenn ich zu Hause Snack-Boards serviere, geht es in der Regel deutlich weniger hektisch zu. Ich habe unheimlich gerne Gäste und es macht mir große Freude, Getränke zu servieren und eine wunderschöne Platte mit Essen zu präsentieren, die begeistert kommentiert wird. Meine Arbeit ist getan. Mein Ehemann kümmert sich um das Auffüllen der Gläser und alle können sich den Abend über vom Board bedienen. Und, wenn alles gut läuft, muss am Ende nur sehr wenig weggeräumt und gespült werden. Ich neige dazu, meine Gäste nach ihrer Fähigkeit auszuwählen, ein Snack-Board zu leeren – solche Menschen habe ich gerne um mich herum.

SNACK-BOARDS ZUSAMMENSTELLEN

Snack-Boards sollen schön aussehen, Köstliches bieten und keinen Stress bereiten. Niemand erwartet von Ihnen, jedes einzelne Element selbst zu machen, also tun Sie das auch nicht. Kaufen Sie lieber schlau ein. Manchmal reicht es schon aus, eine Packung zu öffnen. Viele der Snack-Boards in diesem Buch haben ein selbst gemachtes Element, in den meisten Fällen können Sie die entsprechende Zutat aber auch im Supermarkt kaufen – perfekt, wenn Sie wenig Zeit haben oder es sich einfach machen möchten.

Snack-Boards müssen auch nicht teuer sein. Grundzutaten aus der Vorratskammer (Eingemachtes, Chutneys, Relishes und sauer Eingelegtes) können das Hauptelement ergänzen und die Platte so in ein Festmahl verwandeln. Teurere Zutaten können mit viel Gemüse und Kräckern dazwischen angerichtet und so gestreckt werden.

Ich halte mich fest an die Regel, nur hochwertige Zutaten zu verwenden, keine langweiligen Füll-Elemente und nichts, was nicht gegessen werden kann, wie ungenießbare Dekorationen. Ein paar Kräuterstängel finde ich eine gute Idee, aber packen Sie bloß keine rohe gestreifte Rote Bete auf das Brett, bloß, weil das gut aussieht. Die wichtigste Frage, die Sie sich beim Zusammenstellen eines Snack-Boards stellen sollten, ist: Was würden Sie selbst essen wollen? Setzen Sie sich selbst an die erste Stelle und Sie werden ein Board mit den leckersten Sachen kreieren. Natürlich soll es gut aussehen, aber der Geschmack ist am wichtigsten. Sie wollen kein Essen anbieten, das nicht hält, was es verspricht, also wählen Sie hochwertige Zutaten und Lebensmittel, die Sie gerne essen. Dann werden Ihre Gäste ebenfalls begeistert sein. Und vergessen Sie nicht, Lebensmittel zu wählen, die im Voraus vorbereitet werden können, sodass Sie Ihren Abend entspannt genießen können.

DAS RICHTIGE VERHÄLTNIS

Ein ausgeglichenes Verhältnis der Hauptzutaten, wie Fleisch, Käse und Brot, spielt eine wichtige Rolle, damit Sie nicht zu viel von einer Sache und zu wenig von etwas anderem haben. Am besten sollte alles in der gleichen Geschwindigkeit verschwinden. Außerdem sollten Sie darauf achten, dass alles ein Gegenstück hat. Servieren Sie keinen Käse ohne Kräcker oder Chutney. Andererseits müssen Sie auch nicht alles anbieten. Ein kleineres Snack-Board kann zum Beispiel aus einer Hauptzutat und vielen »Nebenrollen« bestehen, etwa ein richtig schönes Stück Käse mit einer Reihe verschiedener Kräcker, Dips oder Saucen sowie Trauben. Denken Sie nicht, dass jedes Ihrer Boards acht Sorten Aufschnitt, zwölf Käsesorten und eine dreistöckige Schokoladentorte braucht, aber bieten Sie Ihren Gästen etwas Auswahl – das hilft auch dem Gesamtbild des Boards. Ihr Ziel ist es, etwas Interessantes und Einladenes zu präsentieren.

In der Regel finde ich, dass die folgenden Verhältnisse gut für ein allgemeines Snack-Board funktionieren. Die Mengenangaben sind pro Person:

4–5 Kräcker oder Brotstücke
100 g Fleisch oder Fisch
150 g Käse
125 g Gemüse
75 g Obst
50 g »Lückenfüller« z. B. Nüsse, Bretzeln oder Trockenfrüchte

Denken Sie daran, dass es sich hierbei nur um eine Richtlinie handelt und dass auch in Betracht gezogen werden muss, ob das Board einen Snack oder eine Mahlzeit ersetzen soll oder einfach als Appetizer gedacht ist. Und falls es in Ihrer Gruppe ein paar besonders gute Esser gibt, geben Sie mehr sättigende Elemente auf das Board, so wie Kräcker oder Rohkost. In diesem Buch liste ich für einige Hauptzutaten der Boards Mengenangaben auf, damit Sie einschätzen können, wie viel Sie in etwa einkaufen müssen. Die Mengen der füllenden Elemente oder »Lückenfüller« überlasse ich hingegen Ihnen.

AUSWAHL DES BOARDS (BRETTS)

Holz Wenn Sie nur ein Board zum Servieren kaufen, empfehle ich Ihnen ein großes Holzbrett. Das ist für die meisten Situationen passend. Holz ist nicht zu schwer, das Board lässt sich einfach längs an der Seite eines Schranks aufbewahren und hat einen klassischen Look. Der einzige Nachteil ist, dass es Flecken geben kann, wenn Früchte (z. B. Beeren) serviert werden, und dass Messer Spuren hinterlassen können. Das verleiht dem Board natürlich auch Charakter, und wenn man das Holzbrett nach dem Spülen mit Olivenöl einreibt, kann man Flecken in Schach halten. Wird ein Holzbrett grob und splittrig, muss es ordentlich mit Sandpapier geglättet und eingeölt werden, bevor es wieder benutzt wird. Holzbretter sollten Sie nach dem Gebrauch gründlich in heißem Wasser mit Spülmittel waschen und danach sofort abtrocknen. Am besten lagern Sie es aufrecht, sodass viel Luft daran kommt, und wenn es länger nicht gebraucht wurde, spülen Sie es vor der Verwendung noch mal.

Schiefer ist großartig für Snack-Boards geeignet. Er ist von Natur aus elegant, und Lebensmittel sehen auf dem dunklen Untergrund einfach gut aus. Außerdem ist Schiefer nicht porös, also auch nicht anfällig für Flecken, und nach dem Gebrauch leicht zu reinigen.

Marmor ist eine weitere fantastische Option. Er bleibt schön kühl, was bei warmem Wetter sehr hilfreich ist, besonders, wenn man Käse serviert. Kleinere Marmorplatten können vor dem Anrichten sogar einige Stunden in den Gefrierschrank gelegt werden – praktisch für Käseplatten oder Meeresfrüchte. Nachteile sind, dass große Marmorboards extrem schwer sein können, Marmor leicht Flecken bekommt und der Saft von Zitrusfrüchten die Oberfläche angreift.

Servierplatten und Teller sind auch geeignet, vor allem, wenn Sie einen großen Tisch voller Snack-Boards vorbereiten. Verwenden Sie unterschiedliche Platten und Teller und präsentieren Sie diese mit Hilfe von Einmachgläsern oder kleinen Holzkisten (ich verwende sogar Kuchenbackformen) auf verschiedenen Höhen.

Tabletts mit Seitenwänden sind genial, weil man sie bis zum Rand füllen kann, ohne dass Gefahr besteht, dass etwas herunterfällt. Außerdem haben viele Tabletts Griffe und lassen sich so leicht zum Sofa oder in den Garten tragen.

Und wenn alle Stricke reißen, können Sie sich auch mit einem Standard-Schneidebrett aus Holz aushelfen – vorausgesetzt, es wurde sorgfältig gespült.

GRÖSSE & FORM

Allgemein gilt, dass Snack-Boards besonders gut aussehen, wenn sie bis zum Rand gefüllt sind, aber das muss nicht sein.

Falls Sie nur ein großes Board besitzen, aber nur wenige Gäste kommen, richten Sie das Essen am besten in der Mitte an und lassen rundherum Platz. Das wirkt großzügiger, als wenige Zutaten auf einem großen Brett auszubreiten.

Snack-Boards gibt es in allen Größen und Formen – darunter rund, quadratisch und rechteckig. Die Wahl des Bretts sollte davon abhängen, welche Lebensmittel Sie servieren werden und wie viel Platz Sie dafür haben. Ein langes, schmales Brett ist z. B. ideal, wenn Ihre Gäste am Esstisch sitzen, damit alle gut darankommen.

In meinen Rezepten spreche ich von kleinen, mittleren und großen Boards. Hier als grober Anhaltspunkt die Maße (gemessen an der breitesten Stelle), die mir dabei vorschweben:

Groß 40–60 cm
Mittel 30–35 cm
Klein 25 cm

Diese Maße sind als Orientierungshilfen gedacht. Sie können immer mehr als ein Board oder eine Auswahl an Brettern und Tellern verwenden und die Menge der Lebensmittel der Größe des Bretts anpassen. Es gibt keine festen Regeln, denen Sie folgen müssen.

DAS BOARD ZUSAMMENSTELLEN

Bevor ich ein Board zusammenstelle, probiere ich verschiedene Kombinationen kleiner Schüsseln und Schalen auf dem Brett aus und plane, wie ich alles arrangieren werde. Ich finde es hilfreich, eine Auswahl verschiedener Schüsselchen und Schalen zum Servieren von Dips, Saucen, Cornichons, Oliven oder anderer kleiner Zutaten, die wegrollen könnten, dazuhaben. Sogar Einmachgläser und Teetassen eignen sich als Schüsseln und lassen selbst die einfachsten und günstigsten Zutaten gut aussehen. Sobald ich mir ausgemalt habe, wo ich die einzelnen Elemente platzieren möchte und wie sie serviert werden, kann ich beginnen, die Zutaten maßvoll zu arrangieren, im Wissen, dass für alles Platz ist.

Beim Zusammenstellen eines Snack-Boards sollten Sie auch in Betracht ziehen, wie alles gegessen werden wird. Wenn die Gäste auftauchen, wollen Sie sich entspannen können, nicht auf der Suche nach extra Gabeln in die Küche flitzen oder ständig Cocktailspieße aufsammeln müssen. Für Zutaten wie Käse oder Wurst lohnt es sich unter Umständen, die verschiedenen Sorten auf kleinen Schildchen anzugeben. Alles auf dem Board sollte mit den Händen genommen und gegessen werden können bzw. die geeigneten Werkzeuge zum Servieren sollten griffbereit sein. Für einige Boards in diesem Buch sind Teller, Messer und Gabel nötig, viele sind aber im Fingerfood-Style gedacht, also sorgen Sie dafür, dass die Zutaten einfach zu essen sind. Vielleicht sind Servietten angebracht und Schüsseln für gebrauchte Spieße oder Hähnchenknochen. Werden Käsemesser, Messer zum Servieren von Pastete, Zangen für größere Stücke oder Löffel für Saucen und Chutneys benötigt? Stellen Sie sicher, dass Sie für jede Sorte Lebensmittel eigenes Servierbesteck bereitstellen.

Denken Sie auch an die Temperatur. Müssen bestimmte Elemente heiß, gekühlt oder warm serviert werden? Einige Weichkäsesorten sollten 30 Minuten vor dem Servieren aus dem Kühlschrank genommen werden, während Sie warme Gerichte erst servieren sollten, wenn alle Gäste zum Essen bereit sind – nicht bevor sie ankommen, gerade erst das Haus betreten oder um 11 Uhr nachts. Vorausschauendes Denken und Planung machen einen großen Unterschied, sodass Sie sich entspannen und die Party gemeinsam mit Ihren Gästen genießen können.

LEBENSMITTELSICHERHEIT

Fleisch und Fisch (gegart oder roh) sollten maximal zwei Stunden ungekühlt präsentiert werden. (Obwohl ich bezweifle, dass die Snack-Boards so lange überleben.) Um Fleisch und Fisch kühl zu halten, können Sie sich mit einer kalten Marmorplatte oder einem Tablett mit Eis behilflich sein, sollten sich aber trotzdem an die Zwei-Stunden-Regel halten (bei heißem Wetter sogar kürzer). Käse und Milchprodukte sollten innerhalb von vier Stunden verzehrt werden. Falls das Essen draußen serviert wird, verwenden Sie Küchenpapier, Frischhaltefolie oder Butterbrotpapier, um Fliegen vom Essen fernzuhalten.

Achten Sie darauf, nichts auf Ihren Boards zu haben, das giftig sein könnte, wie ungenießbare Blüten oder Pflanzen. Was auf dem Board ist, wird gegessen! Und denken Sie auch daran, nachzufragen, ob ihre Gäste unter Lebensmittelallergien leiden. Es ist immer gut, dies im Voraus zu wissen und zu versuchen, die betreffenden Lebensmittel komplett zu vermeiden, da das Risiko der Kreuzkontamination bei Snack-Boards erhöht ist.

TIPPS & TRICKS

- Wenn Sie frische Äpfel oder Birnen vorbereiten möchten, bepinseln Sie die Schnittflächen mit etwas Zitronensaft oder decken Sie sie fest mit feuchten Küchentüchern ab, damit sie nicht braun anlaufen.

- Seien Sie beim Schneiden kreativ. Schneiden Sie nicht alle Käsesorten auf die gleiche Art und Weise. Schneiden Sie eine Sorte z. B. in Stäbchen, eine andere in Spalten und zerbröckeln eine dritte.
  Das Gleiche gilt für Gemüse. Denken Sie darüber nach, wie Sie es schneiden oder hacken könnten. Überlegen Sie, wie Sie es gerne essen würden und lassen sich davon leiten.

- Verwenden Sie hübsche Dinge aus Ihrem Haushalt zum Servieren. Ich stelle z. B. einen schönen, kleinen bunten Blumentopf für gebrauchte Spieße bereit (selbstverständlich vorher sorgfältig gewaschen!).

- Denken Sie beim Planen Ihrer Boards wie ein verrückter Wissenschaftler oder ein Kind. Die Boards sollen Spaß machen, also wählen Sie Elemente, die verstrichen, getunkt, gestreut oder ausgedrückt werden. Ein Snack-Board soll eine Erfahrung für alle Sinne sein.

- Arbeiten Sie von groß nach klein. Arrangieren Sie zunächst die größten oder wichtigsten Bestandteile auf dem Board und machen dann in abnehmender Größe weiter, sodass die kleinsten Zutaten die Lücken zwischen den größeren füllen können, damit es aussieht, als würde das Board überquellen.

- Legen Sie das Board mit Wachspapier aus, wenn Sie sehr weichen Käse oder ähnlich klebrige Zutaten servieren. Sie wollen Ihre Nacht nicht mit Schrubben verbringen und so geht das Spülen schneller.

- Eines der Geheimnisse einer beeindruckenden Optik sind vielfältige Farben und Texturen. Wenn es richtig raffiniert sein soll, fügen Sie ein paar essbare Blüten, gemischte Oliven und Saucen hinzu und drapieren den Aufschnitt hübsch.
  Für ein simpleres Board können Sie mit Rohkost für Farbkleckse sorgen.

- Die besten Boards sind vollgepackt mit köstlicher Vielfalt; bei einem knapperen Budget verwenden Sie einfach ein kleineres Brett und füllen es mit Kräckern und Gemüse. Auch das sorgt für diesen üppigen, verlockenden Look.

- Wenn möglich, fügen Sie viele Extras hinzu, etwa Schüsselchen mit Sesamsamen, Granatapfelkernen, Kräutern und Nüssen zum Bestreuen und Honig zum Beträufeln. Ihre Gäste werden sich mit ihren herrlichen Eigenkreationen wie Gourmetköche fühlen.

WEIN-EMPFEHLUNGEN

Ich bin keine Wein-Expertin, doch als Wein-Begeisterte möchte ich ein paar Gedanken zu den Tropfen mit Ihnen teilen, die Sie zu einem Snack-Board servieren können. Dies sind jedoch keine festen Regeln, trinken Sie zu den Boards also einfach, worauf Sie Lust haben!

Schwere Rotweine wie Malbec oder Tempranillo passen gut zu rotem Fleisch und gepökeltem Fleisch sowie Hartkäse. Die perfekte Begleitung zur Klassischen Aufschnittplatte (siehe S. 100).

Mittelschwere Rotweine wie Merlot oder Montepulciano passen ebenfalls gut zu rotem Fleisch und gepökeltem Fleisch sowie Hartkäse, aber auch zu weißem Fleisch, Weichkäse und Gewürzen. Die perfekte Begleitung zur Italienischen Käseplatte (siehe S. 38) oder dem Larb-Board (siehe S. 111).

Leichte Rotweine wie Pinot Noir passen zu fast allem, obwohl ich sie nicht zu Fisch oder Desserts servieren würde. Die perfekte Begleitung zum »Caesar Salad« mit gegrilltem Hähnchen (siehe S. 96) oder den Carnita-Tacos (siehe S. 118).

Rosés passen großartig zu Fisch und grünem Gemüse. Wenn möglich, wähle ich einen sehr blassen, trockenen Rosé aus der Provence. Die perfekte Begleitung zum Garnelencocktail (siehe S. 62) oder der Meeresfrüchte-Platte (siehe S. 66).

Kräftige Weißweine wie Sémillon oder Chardonnay passen großartig zu weißem Fleisch, Fisch und Käse. Die perfekte Begleitung zum »Cobb Salad« (siehe S. 94).

Leichte Weißweine z. B. Albariño oder Sauvignon Blanc passen fantastisch zu frischem Gemüse oder Schalentieren. Mein persönlicher Favorit ist neuseeländischer Sauvignon Blanc aus der Region Marlborough. Die perfekte Begleitung zu den Poke Bowls zum Selbermachen (siehe S. 75) oder den Fisch-Tacos (siehe S. 56).

Schaumweine wie Champagner oder Prosecco sind immer eine gute Wahl, können aber von schwerem rotem Fleisch überschattet werden. Die perfekte Begleitung zum Canapé-Board (siehe S. 104) oder zum Luxus-Picknick-Board (siehe S. 112).

Dessertweine wie Sauternes oder Portwein können zu Desserts und Käse-Boards genossen werden. Die perfekte Begleitung zur Europäischen Käseplatte (siehe S. 40) oder zur Schokoladenverkostung (siehe S. 148).

Snack Boards mit Käse, Obst & Gemüse

Regenbogen-Obst-Board

FÜR 6–8 PERSONEN

Gesund, köstlich und schön anzusehen – diese Platte ist etwas für die ganze Familie! Sie benötigen insgesamt etwa 600 g vorbereitete Früchte. Wählen Sie eine Vielzahl unterschiedlicher Farben für den Regenbogen-Effekt.

1 Portion Limetten-Vanille-Sirup (siehe unten)
300 g Naturjoghurt
eine Auswahl vorbereiteter Früchte, z. B.
Himbeeren
Erdbeeren
Granatapfelkerne
Kirschen
Wassermelone
Mango
Pfirsich
Nektarine
Cantaloupe-Melone
Ananas
Kiwi
weiße Trauben
Blaubeeren
rote Trauben
Brombeeren

Limetten-Vanille-Sirup
100 g feiner Zucker
100 ml Limettensaft
1 TL Abrieb von 1 unbehandelten Bio-Limette
1 TL Vanillepaste

1 Den Limetten-Vanille-Sirup zubereiten: In einem kleinen Topf Zucker und Limettensaft mischen und auf mittlerer Stufe unter Rühren erhitzen, bis der Zucker aufgelöst ist. Limettenabrieb und Vanillepaste unterrühren. Vor der Verwendung abkühlen lassen. Im Kühlschrank ist der Sirup bis zu 3 Tage haltbar.

2 Zum Anrichten Sirup und Joghurt in kleine Schüsseln füllen und auf eine großen Platte setzen. Die ausgewählten Früchte in mundgerechte Stücke schneiden und den Farben nach um die Schüsselchen herum arrangieren. Sofort servieren.

TIPP

Vermeiden Sie Früchte, die schnell braun anlaufen, wie Bananen, Äpfel und Birnen. Falls Sie diese verwenden möchten, pinseln Sie die Schnittseiten vorher mit Zitronensaft ein.

Platte mit Regenbogengemüse und Hummus

FÜR 4–6 PERSONEN

Diese Regenbogen-Platte sieht sehr beeindruckend aus und schmeckt sogar noch besser. Treffen Sie eine möglichst bunte Auswahl unter den aufgelisteten Gemüsesorten. Falls Sie keine Zeit haben, ihren eigenen Hummus zuzubereiten, verwenden Sie einfach 500 g gekauften.

1 Portion Seidiger Hummus mit gerösteten Sumach-Zwiebeln (siehe unten)
1–2 EL natives Olivenöl extra
eine Auswahl an Gemüsesorten, z. B. rote Chicoréeblätter
rote Kirschtomaten
rote Paprikaschote, in Streifen geschnitten
Radieschen
rote und orangefarbene Karotten, in Stifte geschnitten
orange Paprikaschote, in Streifen geschnitten
gelbe Paprikaschote, in Streifen geschnitten
Staudenselleriestangen
Salatgurke, in Stifte geschnitten
Zuckerschoten
Romanasalatherzen, geviertelt

Seidiger Hummus mit gerösteten Sumach-Zwiebeln
2 Zwiebeln
2 EL Pflanzenöl
1 EL Sumach
Salz
480 g Kichererbsen (aus der Dose, Abtropfgewicht), abgegossen und abgespült
100 g Tahini
Saft von 1 Zitrone
3 Knoblauchzehen, zerdrückt

1. Für den Seidigen Hummus mit gerösteten Sumach-Zwiebeln den Ofen auf 180 °C (Ober-/Unterhitze) vorheizen. Die Zwiebeln schälen und dabei möglichst wenig vom Wurzelende entfernen. In Spalten schneiden, mit jeweils einem Stück des Wurzelendes intakt, sodass die Spalten zusammenhalten.
2. Das Pflanzenöl in einer großen Pfanne auf hoher Stufe sehr heiß werden lassen. Die Zwiebelspalten darin braten, bis sie dunkel gebräunt sind, dann wenden und die andere Seite braten. Sobald die Zwiebeln eine kräftige Farbe angenommen haben, auf einem Backblech verteilen, das Sumach und 1 TL Salz darüberstreuen und im vorgeheizten Ofen etwa 10 Minuten backen, bis sie zart sind. Vollständig abkühlen lassen und dann sofort verwenden oder bis zu 5 Tage im Kühlschrank aufbewahren.
3. Die Kichererbsen in der Küchenmaschine grob pürieren. Tahini, Zitronensaft und Knoblauch zufügen und 2–3 Minuten sehr fein pürieren. 2 EL eiskaltes Wasser und 2 TL Salz zufügen und weiter pürieren, bis eine sehr seidige Konsistenz erreicht ist. Abschmecken und gegebenenfalls nachwürzen. Sofort verwenden oder bis zu 3 Tage im Kühlschrank aufbewahren.
4. Zum Anrichten den Hummus in der Mitte einer großen Servierplatte verstreichen, die gerösteten Zwiebelspalten darauflegen und mit Olivenöl beträufeln. Das Gemüse den Farben nach rund um den Hummus arrangieren und sofort servieren.

Mezze aus dem Nahen Osten

FÜR 6–8 PERSONEN

Falafeln lassen sich ganz einfach selbst machen, und man schmeckt den Unterschied zu gekauften wirklich. Richten Sie sie auf einer Platte mit all den wunderbaren herzhaften Leckerbissen an und sie sind die Stars bei jeder Zusammenkunft.
Wenn es Ihnen lieber ist, können Sie auch 14–16 gekaufte Falafeln verwenden.

1 Portion Falafeln (siehe unten)
200 g Hummus
200 g Zaziki
400 g gefüllte Weinblätter
10–12 Pita-Brote, aufgewärmt und in Streifen geschnitten
500 g Halloumi, in Scheiben geschnitten und im Ofen goldbraun gegrillt
Salatgurke, in Stifte geschnitten
Oliven
eingelegtes Gemüse, z. B. eingelegte Chilischoten, Karotten oder Rote Bete
Sumach zum Garnieren

Falafeln
480 g Kichererbsen (aus der Dose, Abtropfgewicht), abgegossen (Flüssigkeit aufbewahren)
2 Frühlingszwiebeln, fein gehackt
4 Knoblauchzehen, zerdrückt
1 TL gemahlener Kreuzkümmel
1 TL gemahlener Koriander
1 Prise gemahlenes Piment
Salz
½ TL Backpulver
4 EL Weizenmehl (Type 405), plus mehr zum Wälzen
1 kleines Bund Petersilie, grob gehackt
1 kleines Bund Koriandergrün, grob gehackt
Pflanzenöl zum Braten

1 Die Falafeln zubereiten: Hierfür die Hälfte der Kichererbsen in der Küchenmaschine 30 Sekunden pürieren, dann 6 EL Kichererbsenflüssigkeit zufügen, gefolgt von Frühlingszwiebeln, Knoblauch, Gewürzen, 1 TL Salz, Backpulver, Mehl und Kräutern. Kurz mixen, bis sich die Zutaten gerade eben verbinden. Die restlichen Kichererbsen zufügen und kurz pürieren (sodass sie in groben Stückchen unter die Masse gemischt werden). Die Masse in eine Schüssel geben, abdecken und 30 Minuten in den Kühlschrank stellen.

2 Aus der Masse 14–16 wallnussgroße Kugeln formen und diese leicht flach drücken. Etwas Mehl in einen tiefen Teller geben und die Falafeln darin wenden, sodass sie rundherum bemehlt sind. Eine tiefe Pfanne etwa 4 cm hoch mit Öl füllen und erhitzen. Sobald das Öl heiß ist, die Falafeln darin portionsweise von jeder Seite 1–2 Minuten goldbraun frittieren. Auf Küchenpapier abtropfen lassen und mit etwas Salz bestreuen. Sofort servieren oder bis zu 3 Tage im Kühlschrank aufbewahren (am besten schmecken sie allerdings frisch).

3 Zum Anrichten die warmen Falafeln auf einer großen Marmor- oder Schieferplatte arrangieren. Hummus und Zaziki in Schüsseln füllen und ebenfalls auf die Platte stellen. Die gefüllten Weinblätter und Pita-Streifen dazwischenlegen und die Lücken mit gegrilltem Halloumi, Gurkenstiften, Oliven und eingelegtem Gemüse füllen. Etwas Sumach auf den Hummus streuen und sofort servieren.

Der Dip-Klassiker

FÜR 4 PERSONEN

Ein Klassiker, weil Dips immer gut ankommen! Kombinieren Sie Ihre Favoriten mit weichem, hausgemachtem Pita und einer Auswahl knackiger Gemüsesorten. Alternativ können Sie auch sechs große gekaufte Pita-Brote verwenden.

100 g Hummus
100 g Zaziki
100 g Taramosalata (griechische Fischrogencreme)
100 g Guacamole
100 g Tomatensalsa oder Pico de gallo
1 Portion Pita-Brote (siehe unten), in Stücke geschnitten
1 große Tüte Tortilla-Chips
eine Auswahl an Rohkost zum Dippen

Pita-Brote
10 g Trockenhefe
1 TL Zucker
350 g Weizenmehl (Type 550), plus mehr zum Arbeiten
100 g Vollkornweizenmehl
1 TL Salz
2 EL Olivenöl, plus mehr zum Fetten

1 Für die Pita-Brote Hefe und Zucker in einer kleinen Schüssel mit 300 ml lauwarmem Wasser mischen. 5–10 Minuten ruhen lassen, bis die Hefe zu schäumen beginnt.
2 Mehl und Salz in eine große Schüssel geben, dann die Hefemischung unterrühren. Das Olivenöl zufügen und alles zu einem groben Teig vermengen. Den Teig auf einer leicht bemehlten Arbeitsfläche etwa 10 Minuten kneten, bis er glatt und elastisch ist. Alternativ in der Küchenmaschine mit dem Knethaken 5–8 Minuten kneten. Den glatten Teig zu einer Kugel formen, in eine saubere Schüssel geben und abgedeckt 90 Minuten gehen lassen, bis sich sein Volumen verdoppelt hat.
3 Inzwischen den Ofen auf die höchste Temperatur vorheizen und ein Backblech zum Aufheizen hineinschieben. Den gegangenen Teig in sechs gleich große Stücke teilen, zu Kugeln formen und mit Abstand auf ein zweites mit Mehl bestäubtes Blech setzen. Mit leicht eingeölter Frischhaltefolie abdecken und 15 Minuten ruhen lassen.
4 Etwas Mehl auf eine Arbeitsfläche streuen und 2–3 Teigkugeln (je nachdem, wie viele Teiglinge auf das Blech passen) jeweils auf 19 cm ø ausrollen. Nun das heiße Blech ein Stück aus dem Ofen ziehen, die ausgerollten Teiglinge zügig darauflegen, das Blech zurück in den Ofen schieben und die Ofentür schließen. 3–5 Minuten backen, bis die Pitas aufgegangen sind. Die fertigen Pitas in ein sauberes Küchentuch wickeln. Die übrigen Pitas wie oben beschrieben backen und ebenfalls in dem Küchentuch einschlagen. Vollständig abkühlen lassen und servieren. In einem luftdicht verschlossenen Behälter sind die Pitas bis zu 3 Tage haltbar.
5 Zum Anrichten die Dips in kleine Schüsseln füllen und auf einem großen Holzbrett oder einer Marmorplatte arrangieren. Die Pitas horizontal in Streifen schneiden und an zwei oder drei Stellen auf dem Board platzieren, gefolgt von den Tortilla-Chips. Lücken abschließend mit Rohkost füllen.

Whipped-Butter-Board

FÜR 6–8 PERSONEN

Luftig und locker aufgeschlagene Butter – Whipped Butter – ist das perfekte Beispiel, wie man eine simple Zutat durch einen einfachen Trick in etwas ganz Besonderes verwandeln kann. Dieses stilvolle Board wird Ihre Gäste beeindrucken. Die Mengen können ganz einfach verdoppelt oder verdreifacht werden, abhängig davon, wie viele Gäste Sie erwarten.

1 Portion Whipped Butter (siehe unten)
Abrieb von ½ unbehandelten Bio-Zitrone
1 TL Meersalzflocken
1 EL Schnittlauchröllchen
1 TL gehackte Estragonblätter oder 1 TL in feine Streifen geschnittene Basilikumblätter
12–16 essbare Blüten, z. B. Stiefmütterchen
650 g Sauerteigbrot, in Streifen geschnitten
Staudenselleriestangen

Whipped Butter
375 g weiche Butter
90 ml Vollmilch

1 Für die Whipped Butter die weiche Butter in der Küchenmaschine mit dem Schneebesenaufsatz aufschlagen, bis sie etwas blasser aussieht. Zwischendurch immer wieder mit dem Teigschaber von den Schüsselwänden lösen. Die Milch zugießen und die Mischung weiter aufschlagen, bis sie sehr hell und schaumig ist. Sofort verwenden oder bis zu 5 Tage im Kühlschrank aufbewahren.

2 Zum Anrichten die Butter mit einer kleinen Winkelpalette oder einem Löffel auf einer kleinen Servierplatte verstreichen. Zitronenabrieb, Salz, Schnittlauch und Estragon darauf verteilen und abschließend mit den essbaren Blüten garnieren. Dazu Sauerteigbrot und Selleriestangen servieren.

Kräuterbutter-Board

FÜR 6–8 PERSONEN

Butter selbst zu machen, geht schnell und ist einfach – und Ihre Gäste werden beeindruckt sein. Je hochwertiger die verwendete Sahne, umso besser wird die Butter. Für dieses Board wird die Butter mit Kräutern und Knoblauch aromatisiert und damit auf eine ganz neue Ebene gebracht. Übrigens eine hervorragende Möglichkeit, Kräuterreste aufzubrauchen. Falls Sie keine Zeit haben, die Butter selbst zu machen, verwenden Sie einfach 200 g gekaufte Butter und schmecken Sie diese mit Kräutern und Knoblauch ab, wie hier beschrieben.

1 Portion Hausgemachte Butter mit Kräutern & Knoblauch (siehe unten)
1 EL gehackte griechische Basilikumblätter
1 EL Schnittlauchblüten (je nach Saison)
650 g Focaccia, in Stücke geschnitten
16–20 Radieschen, halbiert
Karotten, in Stifte geschnitten
Staudenselleriestangen

Hausgemachte Butter mit Kräutern & Knoblauch
600 g Sahne von guter Qualität (mind. 33 % Fettanteil)
¼ TL feines Salz
1 Knoblauchzehe, zerdrückt
1 EL gehackte Petersilie
1 TL gehackte Rosmarinblättchen
2 TL gehackter Schnittlauch

1 Für die Hausgemachte Butter mit Kräutern & Knoblauch die Sahne in die Schüssel der Küchenmaschine füllen und mit dem Schneebesenaufsatz auf mittlerer Stufe 4–5 Minuten aufschlagen, bis sie stückig aussieht (überschlagen ist). Mit einem Teigschaber die Buttermasse von den Seiten der Schüssel lösen und auf niedriger Stufe 4–5 Minuten weiterschlagen, während sich die Flüssigkeit allmählich von der Sahne trennt. Vorsicht vor Spritzern – gegen Ende ist es daher ratsam, die Schüssel mit einem Küchentuch abzudecken. Weiter schlagen, bis sich gelbe Butterstückchen bilden und keine Buttermilch mehr in der Butter vorhanden ist. So wird verhindert, dass die Butter schnell sauer wird.

2 Die gelbe Butter in eine große Schüssel mit eiskaltem Wasser geben. Die Buttermilch entsorgen oder für ein anderes Rezept aufbewahren. Die Butter im kalten Wasser mit den Fingern durchkneten, um Buttermilchreste zu entfernen. Dabei wird das Wasser trüb, dieses deshalb mehrmals austauschen, bis es klar bleibt. Darauf achten, dass das verwendete Wasser sehr kalt ist, damit die Butter nicht schmilzt.

3 Sobald die Butter gewaschen ist, die überschüssige Flüssigkeit abschütteln und die Butter in eine saubere Schüssel geben. Salz, Knoblauch und Kräuter sorgfältig untermischen. Kosten und nach Bedarf mit mehr Salz abschmecken. Sofort verwenden oder bis zu 5 Tage im Kühlschrank aufbewahren.

4 Zum Anrichten die Butter mit einer Winkelpalette oder einem Löffel auf einem mittelgroßen Servierteller verstreichen. Die Basilikumblättchen und Schnittlauchblüten (falls verwendet) darüberstreuen und mit den Focaccia-Stücken und dem Gemüse servieren.

Karamellisierte-Zwiebel-Butter-Board

FÜR 6–8 PERSONEN

Diese Butter ist süß und salzig zugleich und Sie werden nicht genug davon bekommen können! Falls es Reste gibt, genießen Sie diese auf einem Burger oder Steak.

1 Portion Karamellisierte-Zwiebel-Butter (siehe unten)
2 EL geriebener Parmesan
1 EL Schnittlauchröllchen
karamellisierte Zwiebeln (siehe unten)
650 g Sauerteigbrot, in Stücke geschnitten

Karamellisierte-Zwiebel-Butter
3 EL Pflanzenöl
3 Zwiebeln, in sehr feine Ringe geschnitten
1 ½ TL Salz
375 g weiche Butter

1 Die Karamellisierte-Zwiebel-Butter zubereiten: In einer mittelgroßen Pfanne das Öl auf hoher Stufe erhitzen. Zwiebeln und Salz zufügen. Die Temperatur auf niedrige Stufe reduzieren und die Zwiebeln unter gelegentlichem Rühren 10–15 Minuten dünsten. Dann 3 EL Wasser untermischen und 10–15 Minuten weiter dünsten, bis die Zwiebeln zart und goldbraun sind. Die Temperatur erhöhen und die Zwiebeln 1–2 Minuten leicht kross braten.

2 Vom Herd nehmen, überschüssiges Öl abgießen und die Zwiebeln zum Abkühlen und Abtropfen auf Küchenpapier ausbreiten. Trocken tupfen und einen Teil für die Garnitur des Butter-Boards beiseitelegen.

3 Den Großteil der karamellisierten Zwiebeln in der Küchenmaschine grob zerkleinern. Die Butter zufügen und pürieren, bis die Zwiebeln fein untergemischt sind. Sofort verwenden oder in einem luftdicht verschlossenen Behälter bis zu 5 Tage im Kühlschrank aufbewahren.

4 Zum Anrichten die Butter mit einer Winkelpalette oder einem Löffel auf einem mittelgroßen Servierteller wellenförmig verstreichen. Den Parmesan darüberstreuen und mit dem Schnittlauch und den beiseitegelegten karamellisierten Zwiebeln garnieren. Dazu Sauerteigbrot servieren.

Brot-Dip-Board

FÜR 4–6 PERSONEN

Ein einfaches, aber zeitloses Board, das schnell angerichtet ist, wenn spontan Gäste vorbeikommen. Verwenden Sie für das Öl zum Dippen möglichst hochwertiges Olivenöl.

- 1 Portion Öl-Dip für Brot (siehe unten)
- 6 EL natives Olivenöl extra
- 2 EL gereifter Balsamico-Essig
- 1 Portion Gebackener Camembert oder Époisses mit Knoblauch & Honig (siehe S. 34)
- 150 g weiche Butter oder Miso-Butter (siehe Tipp)
- 500 g gemischtes Brot, z. B. Focaccia, Oliven-Ciabatta, Sauerteigbrot und Baguette, in Stücke geschnitten

Öl-Dip für Brot

- 2 Knoblauchzehen, zerdrückt
- 1 EL Kapern, abgetropft und fein gehackt
- 1 TL getrockneter Oregano
- ½ TL getrockneter Rosmarin
- ½ TL getrockneter Thymian
- 3 EL geriebener Parmesan
- ½ TL getrocknete Chiliflocken
- ½ TL Meersalzflocken
- 100 ml natives Olivenöl extra von guter Qualität

1. Den Öl-Dip vorbereiten: Alle Zutaten, bis auf das Öl, in einer kleinen Schüssel sorgfältig mischen und mit den Händen zu einer Kugel formen. Sofort verwenden oder abgedeckt bis zu 2 Tage im Kühlschrank aufbewahren.
2. Zum Anrichten die Kugel aus aromatischen Zutaten in eine flache Schale auf ein hitzebeständiges Board stellen. Die 100 ml Olivenöl auf und um die Kugel herum gießen. Nicht mischen! (Die Idee ist, das Brot zum Aufbrechen der Kugel zu verwenden, um eine gut ausgeglichene Mischung von Öl und Gewürzen abzubekommen.) In eine zweite Schale die 6 EL Olivenöl und den Balsamico-Essig füllen und ebenfalls auf dem Board platzieren.
3. Den Deckel der Camembert-Packung auf das Board stellen, damit ausreichend Platz ist, wenn der Käse aus dem Ofen kommt. Die Butter auf eine Ecke des Boards streichen und das Brot in mehreren Haufen um die Schalen herum verteilen. Wenn der Camembert aus dem Ofen kommt, den Deckel entfernen und den gebackenen Käse auf den reservierten Platz stellen. Sofort servieren.

TIPP

Aromatisierte Butter passt auch gut auf dieses Board. Für eine Miso-Butter 2 EL weiße Misopaste unter 150 g weiche Butter mischen, für einen wunderbaren Umami-Geschmack.

Camembert-Board zum Dippen und Teilen

FÜR 6–8 PERSONEN

Ein großartiges Board, wenn man viele Gäste hat, weil sich alle einfach selbst bedienen können. Wenn Ihnen nach Abwechslung ist, können Sie Époisses statt Camembert verwenden.

550 g Weizenmehl (Type 550), plus mehr zum Arbeiten
1 ½ TL feines Salz
7 g Trockenhefe
1 TL feiner Zucker
2 EL Olivenöl, plus mehr zum Fetten
25 g Butter
260 ml Milch, leicht erwärmt, plus mehr zum Bestreichen
1 TL Meersalzflocken

Gebackener Camembert oder Époisses mit Knoblauch & Honig
1 ganzer Camembert oder Époisses (à 250 g)
1 Knoblauchzehe, in Scheiben geschnitten
1 EL Honig

1 In einer großen Schüssel Mehl, feines Salz, Hefe, Zucker und Öl mischen. Die Butter mit der warmen Milch in einen Messbecher geben und schmelzen lassen. Die flüssigen zu den trockenen Zutaten gießen und vermengen. Auf einer leicht bemehlten Arbeitsfläche 15 Minuten kneten, bis der Teig glatt und elastisch ist. Alternativ in der Küchenmaschine mit dem Knethaken 10 Minuten kneten. Anschließend in eine saubere Schüssel geben und abgedeckt 2 Stunden gehen lassen, bis sich das Volumen des Teiges verdoppelt hat.

2 Den Ofen auf 180 °C (Ober-/Unterhitze) vorheizen und ein Backblech mit Backpapier auslegen. Den Teig kurz durchkneten und in 20 gleichmäßige Portionen teilen (à etwa 40 g).
Die Teigstücke zwischen den Handflächen zu glatten Kugeln formen.

3 Den Deckel der Käseverpackung in die Mitte des Backblechs legen, um Platz für den Käse freizuhalten. Die Teigkugeln kreisförmig in zwei Reihen rund um den Deckel arrangieren, dabei 2,5 cm Platz zwischen den Teiglingen sowie zum Deckel lassen. Den Deckel entfernen und die Teigballen mit leicht gefetteter Frischhaltefolie abdecken.
Etwa 45 Minuten gehen lassen, bis die Teiglinge aufgegangen sind und sich berühren. Im Ofen werden sie weiter aufgehen.

4 Die Folie entfernen, dann die Teigkugeln mit Milch bepinseln und Meersalzflocken darüberstreuen. Den Käse vollständig aus seiner Verpackung nehmen, in ein Auflaufförmchen geben und dieses in die Mitte der Teiglinge setzen. Den Käse rautenförmig einschneiden. Nun den Knoblauch hineinstecken, sodass er ein wenig hervorsteht. Mit Honig beträufeln und im vorgeheizten Ofen 20 Minuten backen, bis die Brötchen goldbraun sind und der Käse geschmolzen ist. Mit Hilfe des Backpapiers vorsichtig auf ein hitzebeständiges Brett setzen und sofort servieren.

Französische Käseplatte

FÜR 6–8 PERSONEN

Gerüchten zufolge gibt es 1600 Sorten französischen Käse, es wird also gar nicht so einfach sein, die Auswahl für Ihre Käseplatte zu treffen. Natürlich können Sie diese Platte öfter machen und immer andere Käsesorten verwenden. Die hier vorgeschlagenen gehören zu meinen persönlichen Favoriten.

1 Portion Gebackener Camembert mit Honig, Knoblauch & Rosmarin (siehe unten)
200 g Tomme de Savoie oder gereifter Comté
200 g Brie oder Reblochon
200 g Roquefort
200 g P'tit Basque
2–3 Baguettes (à etwa 400 g), in Scheiben geschnitten
Honig
rote Trauben an der Rispe
getrocknete Feigen
Walnusskernhälften
1 Glas Cornichons mit süßen Perlzwiebeln

Gebackener Camembert mit Honig, Knoblauch & Rosmarin
1 ganzer Camembert (etwa 250 g)
1 Zweig Rosmarin
1 Knoblauchzehe, in Scheiben geschnitten
1 EL Honig

1 Für den Gebackenen Camembert den Ofen auf 200 °C (Ober-/Unterhitze) vorheizen. Den Käse auspacken und in eine traditionelle Camembert-Backform setzen (oder zurück in den Boden der kleinen Holzverpackung legen und diese mit Alufolie einwickeln). Die kleinen Nadel-Bündel vom Rosmarinzweig lösen. Die Oberfläche des Käses mehrmals einschneiden, sodass ein rautenförmiges Muster entsteht. Knoblauchscheiben und Rosmarinnadeln in diese Einschnitte stecken, sodass sie leicht herausstehen. Den Honig darüberträufeln und im vorgeheizten Ofen 20 Minuten backen, bis der Käse geschmolzen ist. Vor dem Servieren leicht abkühlen lassen.

2 Zum Anrichten den Deckel der Camembertverpackung in die Mitte einer hitzebeständigen Servierplatte stellen, um Platz für den Käse freizuhalten, wenn er aus dem Ofen kommt. Die anderen Käsesorten rundherum auf der Platte arrangieren, in Scheiben geschnitten oder zerbröckelt, sodass sie leicht zu nehmen sind. Die Baguettescheiben in kleinen Haufen oder aufgefächert zwischen den Käsen präsentieren.

3 Den Honig in eine kleine Schüssel füllen und auf die Platte stellen – den Honiglöffel dazu nicht vergessen. Die Trauben zwischen Käse und Brot drapieren und Lücken mit getrockneten Feigen, Walnusskernen und einem kleinen Schüsselchen Cornichons und Perlzwiebeln füllen. Sobald der Camembert aus dem Ofen kommt, den Deckel entfernen und den gebackenen Käse an seine Stelle setzen. Anschließend sofort servieren.

Italienische Käseplatte

FÜR 6–8 PERSONEN

In der Regel sind italienische Käseplatten eine einfache Sache, die den Fokus auf außergewöhnliche regionale Produkte legt. Wichtig ist nur, dass all Ihre Lieblinge dabei sind. Falls es schnell gehen muss, verwenden Sie einfach 25 gekaufte Grissini.

250 g Gorgonzola oder Taleggio
250 g Fontina
250 g Parmigiano Reggiano oder Pecorino Romano
250 g Mini-Mozzarella di Bufala
natives Olivenöl extra zum Beträufeln (optional)
1 Portion Grissini (siehe unten)
marinierte Artischockenherzen
feine Apfelspalten (siehe Tipps & Tricks, S. 13)
frische Honigwabe
200 g Kräcker
geröstete und gesalzene Mandelkerne

Grissini
200 g Weizenmehl (Type 550), plus mehr zum Arbeiten
1 TL Salz
1 TL Trockenhefe
120 ml Vollmilch, leicht erwärmt
1 EL Honig
25 g Butter, zerlassen

1 Zunächst die Grissini zubereiten. Den Ofen auf 160 °C (Ober-/Unterhitze) vorheizen und ein Backblech mit Backpapier auslegen. In einer großen Schüssel alle Zutaten sorgfältig vermengen. Auf einer leicht bemehlten Arbeitsfläche 10 Minuten zu einem glatten und elastischen Teig kneten. Alternativ in der Küchenmaschine mit dem Knethaken 5–8 Minuten kneten.

2 Den glatten Teig in 25 gleichmäßige Portionen teilen (à etwa 15 g) und diese nacheinander auf einer leicht bemehlten Arbeitsfläche mit den Handflächen zu langen Grissini rollen.

3 Die Grissini mit ein wenig Abstand auf das vorbereitete Backblech legen und im Ofen 15–20 Minuten goldbraun backen (gegebenenfalls portionsweise). Abkühlen lassen und sofort verwenden oder bis zu 5 Tage in einem luftdicht verschlossenen Behälter aufbewahren.

4 Zum Anrichten die verschiedenen Käsesorten in Scheiben schneiden oder zerbröckeln, sodass sie leicht zu nehmen sind, und auf einem Holz- oder Marmorbrett arrangieren. Der Mozzarella kann in einer flachen Schale mit etwas Olivenöl beträufelt serviert werden. Die Grissini auf eine Seite des Bretts legen und Lücken zwischen dem Käse mit Artischocken, Apfelspalten, der Honigwabe (in einer kleinen Schüssel) und Kräckern füllen. Kleinere Lücken, die danach noch übrig bleiben, mit den Mandeln auffüllen. Sofort servieren.

Europäische Käseplatte

FÜR 6–8 PERSONEN

Eine klassische Käseplatte ist unschlagbar und sie wäre an jedem Tag der Woche meine erste Wahl. Die folgenden Käseempfehlungen sind einfach nur Vorschläge. Verwenden Sie jede europäische Käsesorte, die Sie mögen, und servieren Sie dazu ein großes Glas Rotwein oder Sherry. Sie können auch ein Glas gekaufte Feigenmarmelade nehmen, wenn Sie möchten.

1 Portion Feigen-Balsamico-Marmelade (siehe unten)
200 g Hartkäse, z. B. Gruyère
200 g Blauschimmelkäse, z. B. Cambozola
200 g Weichkäse, z. B. Vacherin Mont d'Or
200 g Ziegenkäse, z. B. Altenburger Ziegenkäse
200 g Schnittkäse, z. B. Gouda
300–400 g gemischte Kräcker, z. B. aus Hafer, Vollkorn oder Frucht-Nuss-Kräcker (siehe S. 44)
Staudenselleriestangen
rote Trauben an der Rispe
eingelegte Perlzwiebeln
getrocknete Aprikosen
Walnusskernhälften

Feigen-Balsamico-Marmelade
500 g frische Feigen, geviertelt
200 g feiner Zucker
Saft von ½ Zitrone
3 EL Balsamico-Essig (möglichst gereift)

1 Für die Feigen-Balsamico-Marmelade die Feigen und 100 ml Wasser in einen großen Topf geben und bei hoher Temperatur erhitzen. Zum Kochen bringen, dann Zucker und Zitronensaft einrühren. 10 Minuten köcheln lassen, bis die Feigen eingekocht und durchgängig weich sind. Vom Herd nehmen und 20 Minuten abkühlen lassen, anschließend mit einem Stabmixer glatt pürieren. Wieder auf den Herd stellen, den Balsamico hinzufügen und 2–3 Minuten einkochen lassen, bis die Marmelade eindickt.

2 Komplett abkühlen lassen, dann sofort verwenden oder im Kühlschrank bis zu 2 Wochen lagern. Alternativ noch heiß in sterilisierte Schraubgläser füllen und verschließen. Die Marmelade hält sich so bis zu 6 Monate.

3 Zum Anrichten die Marmelade in eine Schüssel geben und in die Mitte einer großen Servierplatte oder eines Holzbretts stellen. Dann die verschiedenen Käsesorten darum herum anordnen. Diese entweder schneiden oder zerkrümeln, damit sie leicht genommen werden können. Einige Cracker zwischen die Käsesorten verteilen und die Lücken mit Sellerie und Trauben füllen. Die Perlzwiebeln in eine kleine Schüssel geben und auf das Brett stellen. Mit getrockneten Aprikosen und Walnüssen kleinere Lücken auffüllen. Sofort servieren.

Vegane »Käse«-Platte

FÜR 4–6 PERSONEN

Ob Ihre Gäste sich vegan ernähren oder nicht, diese »Käse«-Platte ist fantastisch. Krönung der Kreation ist der selbst gemachte Labneh.

1 Portion Veganer Labneh (siehe unten)
150 g veganer geräucherter Käse
150 g veganer Weichkäse, z. B. Violife Le Rond
150 g veganer Fetakäse
250 g gemischte Kräcker
grüne gefüllte Oliven
sonnengetrocknete Tomaten in Öl
Apfelspalten (siehe Tipps & Tricks S. 13)
gemischte Nusskerne

Veganer Labneh
500 g veganer Joghurt (z. B. Soja-Joghurt)
1 TL Meersalzflocken

1 Für den Veganen Labneh veganen Joghurt und Salz in einer Schüssel mischen. Ein Sieb mit einem Mulltuch auslegen, die Joghurtmischung hineingeben und auf einer Schüssel platzieren. Im Kühlschrank 12–24 Stunden abtropfen lassen.

2 Den Labneh in eine saubere Schüssel füllen und gut umrühren. Sofort verwenden oder in einem luftdicht verschlossenen Behälter im Kühlschrank bis zu 2 Tage aufbewahren.

3 Zum Anrichten den Labneh in der Servierschüssel auf die Platte stellen und die veganen Käsesorten rundherum arrangieren – in Scheiben geschnitten oder zerbröckelt, sodass sie gut genommen werden können. Die Kräcker in Reihen neben dem Käse ausbreiten und Lücken mit Oliven und sonnengetrockneten Tomaten in kleinen Schüsseln, aufgefächerten Apfelspalten und Nusskernen füllen. Sofort servieren.

Käse-Tasting-Board

FÜR 6–8 PERSONEN

Dieses Board ist ebenso köstlich wie unterhaltsam. Zu jeder Käsesorte werden passende Kräcker und eine perfekte Begleitung gereicht, aber mischen Sie die Vorschläge ruhig auf und schauen, was Ihnen schmeckt! Und wenn es Ihnen lieber ist, verwenden Sie gekaufte Frucht-Nuss-Kräcker.

200 g Blauschimmelkäse, serviert mit Hafer-Kräckern, Walnusskernen und Honig
200 g gereifter Cheddar, serviert mit Frucht-Nuss-Kräckern (siehe unten) und blauen Trauben
200 g Ziegenkäse, serviert mit Kohle-Kräckern und frischen, geviertelten Feigen
200 g Brie, serviert mit Baguette und Birnenscheiben
200 g gereifter Gouda, serviert mit Weizen-Kräckern und getrockneten Aprikosen
200 g Manchego, serviert mit Roggen-Kräckern und Membrillo (Quittenbrot)

Frucht-Nuss-Kräcker
120 g Weizenmehl (Type 405)
1 TL Backpulver
½ TL Salz
2 EL brauner Zucker
225 ml Vollmilch, leicht erwärmt
40 g Honig
100 g Rosinen
100 g Kürbiskerne
100 g Haselnusskerne
1 TL getrockneter Thymian

1 Für die Frucht-Nuss-Kräcker den Ofen auf 180 °C (Ober-/Unterhitze) vorheizen und 6–8 Mini-Kastenformen mit Backpapier auslegen. In einer großen Schüssel Mehl, Backpulver, Salz und Zucker mischen. Mit einem Handrührgerät die Milch unter ständigem Rühren allmählich zufügen, bis eine dickflüssige Masse entsteht. Alternativ eine Küchenmaschine mit dem Schneebesenaufsatz verwenden. Die restlichen Zutaten vorsichtig unterheben. Die Kastenformen zu zwei Dritteln mit der Masse füllen. Im vorgeheizten Ofen 25–30 Minuten backen, bis der Teig schön aufgegangen ist und sich fest anfühlt. In den Formen vollständig abkühlen lassen, dann herausnehmen, in Frischhaltefolie wickeln und 3–4 Stunden einfrieren.

2 Den Ofen auf 160 °C (Ober-/Unterhitze) vorheizen. Die gefrorenen »Küchlein« mit einem Brotmesser in feine Scheiben schneiden. Die Scheiben nebeneinander auf ein Backblech legen und 15–20 Minuten backen, bis sie trocken und kross sind, dabei nicht anbrennen lassen. Abkühlen lassen und in einem luftdicht verschlossenen Behälter aufbewahren. So sind die Kräcker bis zu 2 Wochen haltbar.

3 Zum Anrichten eine mittelgroße Servierplatte oder ein mittelgroßes Brett wählen, möglichst lang und schmal. (Ziel ist es, die einzelnen Käsesorten mit den begleitenden Zutaten in Gruppen zu präsentieren, sodass zu erkennen ist, welche Elemente zusammengehören.) Die Käsesorten mit Abstand entlang des Boards platzieren und die zugehörigen Begleiter daneben arrangieren, dabei die Gruppen separat halten.

TIPP

Wie wäre es, eine Liste der Käsesorten mit den entsprechenden Begleitern zu schreiben, sodass Ihre Gäste nachlesen können, was zusammengehört? Fragen Sie doch auch nach den Lieblingskombinationen Ihrer Gäste.

Ofenkartoffel-Board

FÜR 6–8 PERSONEN

Perfekt gebackene Ofenkartoffeln sind großartig, vor allem, wenn es dazu die besten Toppings gibt. Unten habe ich meine Favoriten aufgelistet. Natürlich können Sie noch hinzufügen, was Ihnen besonders gut schmeckt – eingelegtes Gemüse, gewürztes Hackfleisch, Feta – einfach alles! Für eine größere Party können die Mengen für dieses Board ganz einfach entsprechend erhöht und für eine kleinere Runde reduziert werden.

1 Portion Perfekte Ofenkartoffeln (siehe unten)
200 g reifer Cheddar, gehobelt
400 g Pancetta oder Bauchspeck, fein gewürfelt und kross gebraten
6–8 Frühlingszwiebeln, in Ringe geschnitten
100 g Jalapeño-Scheiben (aus dem Glas)
600 g Sour cream
400 g Kirschtomaten, geviertelt

Perfekte Ofenkartoffeln
6–8 große Kartoffeln (mehligkochend)
Pflanzenöl zum Einreiben
4 TL Salz
85 g Butter zum Servieren

1 Für die Perfekten Ofenkartoffeln den Ofen auf 220 °C (Ober-/Unterhitze) vorheizen. Die Kartoffeln sauber schrubben und gut abtrocknen, dann mit einer Gabel mehrmals einstechen. Rundherum mit Öl einreiben und mit dem Salz bestreuen. Auf ein Backblech setzen und im Ofen 1 Stunde backen, bis die Schale knusprig ist und mit einem spitzen Messer leicht in die Mitte der Kartoffeln gestochen werden kann.

2 Die fertig gebackenen Kartoffeln aus dem Ofen nehmen aber erst kurz vor dem Servieren aufschneiden. So bleiben sie innen länger warm und schön luftig.

3 Zum Anrichten die heißen Kartoffeln am Rand eines großen runden Serviertellers oder Bretts verteilen, jede aufschneiden und jeweils ein Stückchen Butter hineingeben. Die Toppings in Schüsselchen füllen und mit Löffeln auf dem Teller platzieren, damit sich alle bedienen können.

Snack Boards mit Fisch & Meeres-früchten

Board mit geräucherter Makrelenpastete

FÜR 2–4 PERSONEN

Ich war schon immer von geräucherter Makrelenpastete begeistert. Wie gerne ich sie esse, wurde mir allerdings erst vor Kurzem klar. Wenn ich könnte, würde ich sie auf jedes Board geben! Dies ist mein Lieblingsrezept. Die Pastete spielt hier die Hauptrolle, mit vielen Extras zum Dippen.

1 Portion Geräucherte Makrelenpastete (siehe unten)
12–14 Haferkräcker
500 g Brot, geröstet
Staudenselleriestangen
Radieschen, geviertelt
Salatgurke, in Stifte geschnitten
Zitronenspalten

Geräucherte Makrelenpastete
150 g Frischkäse
50 g Crème fraîche oder Sour cream
1 TL frisch geriebener Meerrettich
Saft von 1 Zitrone
Meersalzflocken und schwarzer Pfeffer aus der Mühle
400 g geräucherte Makrelenfilets, Haut abgezogen

1. Die Geräucherte Makrelenpastete zubereiten: In einer Schüssel Frischkäse und Crème fraîche glatt rühren. Meerrettich sowie Zitronensaft untermischen und mit Salz und Pfeffer abschmecken. Die Makrelenfilets mit zwei Gabeln in grobe Stücke zupfen und unter die Frischkäsemischung rühren. Der Fisch wird dabei in feinere Stücke brechen, ein paar größere Stücke sollten aber möglichst erhalten bleiben. In eine Schüssel füllen und sofort servieren oder luftdicht verschlossen bis zu 5 Tage im Kühlschrank aufbewahren.
2. Zum Anrichten eine Schüssel mit der Pastete zusammen mit einem Messer oder einem Löffel auf ein kleines Brett setzen. Kräcker und geröstetes Brot in Häufchen auf dem Brett verteilen, die anderen Zutaten dazwischen platzieren und servieren.

Bagel-Board

FÜR 4–6 PERSONEN

Das Allerbeste an diesem Board ist meiner Meinung nach der Zwiebel-Dill-Frischkäse, der jeden Bagel aufwertet. Meine Lieblingsversion folgt unten, aber eine Kombination aus Frühlingszwiebeln, Schnittlauch und Petersilie ist auch köstlich. Alternativ können Sie 300 g gekauften Frischkäse mit Schnittlauch verwenden. Dieses Board ist perfekt für jeden Brunch und passt definitiv zu einer Runde Mimosas!

1 Portion Zwiebel-Dill-Frischkäse (siehe unten)
100 g Kapern, abgetropft (aus dem Glas)
1 EL Pflanzenöl
8–10 Bagel (mit und ohne Samen)
400 g Räucherlachs
300 g heiß geräucherte Lachsfilets
1 Portion Gepökelter Lachs mit Rote Bete & Dill (siehe S. 55)
4 Kirschtomaten, halbiert
1 rote Zwiebel, in Ringe geschnitten
½ Salatgurke, in Scheiben geschnitten
6 hart gekochte Bio-Eier, in Scheiben geschnitten
Dillspitzen
Zitronenspalten

Zwiebel-Dill-Frischkäse
300 g Frischkäse
2 EL fein gehackter Dill
2 EL fein gehackte rote Zwiebel
1 TL Zitronensaft
Salz

1 Zunächst den Zwiebel-Dill-Frischkäse zubereiten: In einer Schüssel alle Zutaten glatt rühren und nach Belieben mit Salz abschmecken. Sofort verwenden oder bis zu 5 Tage im Kühlschrank aufbewahren.

2 Die Kapern mit Küchenpapier trocken tupfen. Das Öl in einer Pfanne auf hoher Stufe erhitzen. Die Kapern darin rundherum kross braten, dabei ein Mal wenden. Auf Küchenpapier abtropfen lassen.

3 Falls eine Platte aus Marmor verwendet werden soll (es muss eine große sein), sollte diese vor dem Anrichten einige Zeit im Kühlschrank gelagert werden, damit der Fisch länger kühl bleibt.

4 Zum Anrichten die Bagels entlang einer Seite der Marmorplatte arrangieren (oder ein großes Holzbrett verwenden). Den Zwiebel-Dill-Frischkäse in einer Schüssel darauf platzieren. Räucherlachs, heiß geräucherte Lachsfilets und den gepökelten Lachs auf der Platte verteilen. Lücken mit Kirschtomaten, Zwiebeln und Gurken sowie gekochten Eiern füllen. Die gebratenen Kapern in einem Schüsselchen dazustellen. Die Dillspitzen auf die Platte geben, sodass sich alle selbst daran bedienen können. Mit den Zitronenspalten garnieren und sofort servieren.

Smørrebrød

FÜR 6–8 PERSONEN

Smørrebrød in Kopenhagen zu essen, das ist eine meiner schönsten Erinnerungen – und das ist meine Version des Klassikers. In der Regel werden diese Butterbrote belegt serviert, warum jedoch nicht alle miteinbeziehen, sodass sich die Gäste ihre Brote selbst zusammenstellen können? Wenn Sie keine Zeit haben, den Lachs selbst zu pökeln, verwenden Sie einfach 1 kg Räucherlachs oder heiß geräucherte Lachsfilets.

1 Portion Gepökelter Lachs mit Rote Bete & Dill (siehe unten)
12–16 Scheiben Roggenbrot
150 g kleine gegarte geschälte Garnelen, mit etwas Mayonnaise vermischt
Kapern
4–6 hart gekochte Bio-Eier, in Scheiben geschnitten
1 rote Zwiebel, in Ringe geschnitten
Dillspitzen
Radieschen, in Scheiben geschnitten
Zitronenspalten

Gepökelter Lachs mit Rote Bete & Dill
300 g Rote Bete (roh), geschält und geraspelt
50 g Salz
30 g brauner Zucker
Abrieb und Saft von 1 unbehandelten Bio-Zitrone
50 ml Gin
50 g fein gehackter Dill
1 kg Lachsseite

1 Zunächst den Lachs pökeln: In einer Schüssel geraspelte Rote Bete, Salz, Zucker und Zitronenabrieb sorgfältig mischen. Zitronensaft, Gin und gehackten Dill unterrühren und beiseitestellen.
2 Ein großes Stück Frischhaltefolie auf einem Backblech ausbreiten und das Lachsfilet mit der Hautseite nach unten darauflegen. Die Rote-Bete-Mischung auf den Lachs löffeln und verstreichen, sodass der Fisch vollständig bedeckt ist. Nun sorgfältig mit der Frischhaltefolie einwickeln und im Kühlschrank 48 Stunden ziehen lassen.
3 Wenn der Lachs gepökelt ist, die Frischhaltefolie vorsichtig entfernen und die Rote-Bete-Mischung entsorgen. Den Fisch mit wenig sehr kaltem Wasser abspülen und dann trocken tupfen. In feine Scheiben schneiden und sofort servieren oder bis zu 3 Tage im Kühlschrank aufbewahren.
4 Zum Anrichten die Roggenbrotscheiben überlappend auf eine Seite eines mittelgroßen Holzbretts legen. Die Lachsscheiben auf der anderen Seite arrangieren. Die Garnelen in Mayonnaise in eine Schüssel füllen und auf das Brett stellen, ebenso die Kapern. Lücken mit den restlichen Zutaten füllen und sofort servieren.

TIPP

Um supersicher zu sein, was den Lachs betrifft, frieren Sie den frischen Fisch 24 Stunden ein, um mögliche Parasiten abzutöten, und tauen ihn dann vor dem Pökeln auf.

Fisch-Tacos

FÜR 2–4 PERSONEN

Dank des köstlichen Kabeljaus werden diese Fisch-Tacos zu etwas ganz Besonderem. Wenn es Ihnen lieber ist, können Sie aber auch Lachsfilet statt Kabeljau verwenden. Dieses Board ist ideal für ein gesundes Mittag- oder Abendessen geeignet.

1 Portion Miso-Kabeljau mit Ahornsirup (siehe unten)
¼ Kopf Rotkohl, in feine Streifen geschnitten
2–3 Karotten, geraspelt
2 EL Mayonnaise, plus mehr zum Servieren
2 TL frisch gepresster Limettensaft
Salz und schwarzer Pfeffer aus der Mühle
4–8 weiche Tortillas, aufgewärmt
2 Avocados, in Scheiben geschnitten
1 Salatgurke, längs in dünne Streifen geschnitten
Röstzwiebeln
Koriandergrün
Limettenscheiben

Miso-Kabeljau mit Ahornsirup
90 g Ahornsirup
2 EL weiße Misopaste
3 EL Sojasauce
400 g Kabeljaufilet ohne Haut
1 EL Pflanzenöl

1 Zunächst den Miso-Kabeljau mit Ahornsirup zubereiten: In einem großen Gefrierbeutel Ahornsirup, Misopaste und Sojasauce mischen. Den Kabeljau zufügen, den Beutel verschließen und den Fisch vorsichtig in der Marinade hin und her bewegen. Mindestens 30 Minuten im Kühlschrank ziehen lassen.

2 Anschließend einen einfachen Krautsalat zubereiten. Dafür Rotkohl, Karotten, Mayonnaise und Limettensaft in einer Schüssel mischen, mit Salz und Pfeffer abschmecken und erneut vermischen, um das Gemüse rundherum mit Dressing zu benetzen.

3 Das Board vor dem Garen des Kabeljaus anrichten, damit der Fisch sofort nach dem Grillen serviert werden kann. Die Schüssel mit dem Krautsalat auf ein mittelgroßes Holzbrett stellen und die Wraps danebenlegen. Avocado-Scheiben und Gurkenstreifen separat in kleine Schüsseln geben, Röstzwiebeln und Mayonnaise ebenso in separaten Schälchen auf dem Brett platzieren. Koriandergrün und Limettenscheiben dazwischen arrangieren, dabei aber Platz für den Kabeljau lassen.

4 Sobald der Kabeljau zubereitet werden kann, den Ofengrill auf höchste Stufe vorheizen. Ein Backblech mit Alufolie auslegen und den Fisch darauflegen. Mit Pflanzenöl beträufeln und unter dem heißen Ofengrill 8–10 Minuten durchgaren, bis der Fisch goldbraun ist und an einigen Stellen dunkel gebräunt ist.

5 Den Fisch in große Stücke zupfen und auf dem Board arrangieren. Sofort servieren.

Salade Niçoise

FÜR 6–8 PERSONEN

Der perfekte Salat als Mittag- oder Abendessen zum Teilen. Ich serviere ihn unheimlich gerne auf einer großen Platte, damit sich alle von den Zutaten bedienen können, die sie am liebsten mögen. Servieren Sie Baguette dazu, wenn der Hunger groß ist.

1 Portion Knoblauch-Kräuter-Kartoffeln (siehe unten)
500–600 g frischer Thunfisch, scharf angebraten, oder Thunfisch aus der Dose
300 g grüne Bohnen, gegart und abgekühlt
4 rote Paprikaschoten, in Streifen geschnitten
250 g Rucola
12–15 Datteltomaten, halbiert
2 rote Zwiebeln, halbiert und in feine Scheiben geschnitten
6 hart gekochte Bio-Eier, längs halbiert
100 g entsteinte schwarze Oliven
1 Salatgurke, in Stifte geschnitten
50 g Sardellenfilets (aus der Dose), abgetropft
Senf-Vinaigrette

Knoblauch-Kräuter-Kartoffeln
100 g weiche Butter
4 Knoblauchzehen, zerdrückt
1 EL gehackte Petersilie
1 TL Schnittlauchröllchen
1 EL Meersalzflocken
400 g neue Kartoffeln

1 Für die Knoblauch-Kräuter-Kartoffeln Butter, Knoblauch, Kräuter und Salz in einer Schüssel sorgfältig vermengen. Die neuen Kartoffeln in einem Topf mit Wasser bedecken, zum Kochen bringen und kochen lassen, bis sie gar sind. Das Wasser abgießen und die Kartoffeln zügig zurück in den heißen Topf geben. Die Knoblauch-Kräuter-Butter untermischen. Ein paar Kartoffeln mit dem Löffelrücken zerdrücken und alles erneut gut umrühren, bis die Butter zerlassen und alles gut vermengt ist.

2 Zum Anrichten alle Zutaten in Gruppen auf einer großen Servierplatte verteilen. Die Vinaigrette in einer kleinen Schüssel mit Löffel auf die Platte stellen, sodass sich jeder seinen Salat selbst zusammenstellen kann. Sofort servieren.

Ceviche

FÜR 2–4 PERSONEN

Frisch und voller Geschmack ist diese Ceviche perfekt für heiße Sommertage geeignet – am besten mit einem Glas gekühltem Weißwein.

1 Portion Wolfsbarsch-Ceviche (siehe unten)
3 Avocados, in Scheiben geschnitten
1 große Tüte Tortilla-Chips

Wolfsbarsch-Ceviche
500 g sehr frisches Wolfsbarschfilet (ohne Haut), grob gewürfelt
1 TL feines Salz
Saft von 6 Limetten
1 rote Zwiebel, in feine Ringe geschnitten
1 Jalapeño-Schote, sehr fein gehackt

1 Die Wolfsbarsch-Ceviche zubereiten: Den gewürfelten Fisch in eine Glas- oder Keramikschüssel geben, rundherum mit Salz einreiben und 2–3 Minuten ziehen lassen. Limettensaft, rote Zwiebel und Jalapeño untermischen und 10 Minuten marinieren.

2 Zum Anrichten die Ceviche auf einer Seite einer kleinen flachen Schüssel verteilen. Die Avocado-Scheiben daneben in der Mitte des Tellers arrangieren. Die Tortilla-Chips auf der anderen Seite der Schüssel platzieren. Dann sofort servieren.

Garnelencocktail

FÜR 6–8 PERSONEN

Ein Klassiker! Mit einem Garnelencocktail kann man nichts falsch machen, und er sieht wirklich schön aus – vor allem mit saftigen Riesengarnelen. Dieses Board ist gut für einen Appetizer oder, mit Brot und Butter serviert, ein leichtes Mittagessen geeignet. Verwenden Sie für die Sauce hochwertige Mayonnaise oder, wenn es schnell gehen muss, 150 ml fertig gekaufte Cocktailsauce von guter Qualität.

1 Portion Marie-Rose-Sauce (siehe unten)
400 g gegarte geschälte Garnelen
2–3 Romanasalatherzen, in feine Streifen geschnitten
½ Salatgurke, in feine Stäbchen geschnitten oder fein gewürfelt
2 Avocados, fein gewürfelt
6–8 gegarte ungeschälte Riesengarnelen
2 EL Schnittlauchröllchen
Cayennepfeffer
Zitronenspalten

Marie-Rose-Sauce
50 ml Mayonnaise von guter Qualität
50 ml Ketchup
1 TL Worcestershiresauce
Saft von 1 Zitrone, plus mehr nach Belieben
½ TL Paprikapulver, plus mehr zum Garnieren
1 Spritzer Tabasco

1. Die Marie-Rose-Sauce zubereiten: In einer kleinen Schüssel alle Zutaten glatt rühren, dann probieren. Nach Geschmack mehr Zitronensaft hinzugeben. Sofort verwenden oder bis zu 3 Tage im Kühlschrank aufbewahren.
2. Die geschälten Garnelen in eine mittelgroße Schüssel füllen und die Marie-Rose-Sauce untermischen. Zum Garnieren 1 Prise Paprikapulver darüberstreuen. Alternativ kann die Sauce separat in einer kleinen Schüssel serviert werden.
3. Zum Anrichten die Schüssel mit den Garnelen in Marie-Rose-Sauce an den Rand einer Marmorplatte stellen und einen kleinen Löffel zum Servieren dazulegen. Den Rest der Platte mit Salatblättern bedecken. Gurkenstäbchen und Avocado-Würfel darauf arrangieren. Die ungeschälten Riesengarnelen darauf verteilen. Mit Schnittlauchröllchen und 1 Prise Cayennepfeffer garnieren. Die Zitronenspalten auf den Rand der Platte legen. Sofort servieren.

TIPP

Wenn Sie die Salatgurke in feine Stäbchen schneiden, können Sie daraus kleine Nester für die Riesengarnelen formen.

Surf & Turf

FÜR 6–8 PERSONEN

Das ultimative Snack-Board für eine Sommerparty. Hier ist für jeden etwas dabei. Die Stars der Show sind jedoch die saftigen Garnelen.

3–4 Zwiebeln, längs halbiert
Olivenöl zum Beträufeln
Salz und schwarzer Pfeffer aus der Mühle
3–4 Tomaten, längs halbiert
1 TL getrockneter Thymian
1 Portion Rosmarin-Lorbeer-Garnelen (siehe unten)
6–8 Rindersteaks
200 g Brunnenkresse
Saft von ½ Zitrone
50 g Ketchup
50 g Mayonnaise
1 kg heiße Pommes frites
½ Portion Hausgemachte Knoblauch-Kräuter-Butter (siehe S. 59)

Rosmarin-Lorbeer-Garnelen
3 Lorbeerblätter
Nadeln von 1 Zweig Rosmarin
1 EL Meersalzflocken
schwarzer Pfeffer aus der Mühle
20–24 rohe Riesengarnelen, geschält und Darmfäden entfernt
2 EL Olivenöl

1 Den Ofen auf 160 °C (Ober-/Unterhitze) vorheizen. Die Zwiebeln mit der Schnittfläche nach oben in eine große Bratreine legen, mit etwas Olivenöl beträufeln, mit Salz und Pfeffer würzen und 15 Minuten rösten. Die Tomaten mit der Schnittseite nach oben zu den Zwiebeln geben, ebenfalls mit Öl beträufeln und mit Salz und Pfeffer würzen. Die Thymianblättchen darauf verteilen. Das Gemüse für etwa 25 Minuten zurück in den Ofen schieben, bis alles zart und goldbraun ist.

2 Inzwischen die Rosmarin-Lorbeer-Garnelen zubereiten. Lorbeerblätter und Rosmarinnadeln im Mixer hacken. Das Salz und ein wenig Pfeffer zufügen und erneut hacken, bis ein grobes Pulver entsteht. Die Garnelen in eine Schüssel füllen, das selbst gemachte Kräutersalz darüberstreuen und gut schwenken, sodass die Garnelen rundherum gewürzt sind. Anschließend 15 Minuten ziehen lassen.

3 Die Steaks auf dem Grill oder in der Grillpfanne nach Belieben garen. Dann mindestens 10 Minuten ruhen lassen.

4 Die Brunnenkresse in einer Schüssel mit etwas Olivenöl und dem Zitronensaft anmachen und leicht salzen. Als Dip für die Pommes frites Ketchup und Mayonnaise in einer kleinen Schüssel mischen.

5 Kurz vor dem Servieren die marinierten Garnelen mit Olivenöl beträufeln und bei sehr starker Hitze auf dem Grill oder in einer Grillpfanne garen, bis sie Grillspuren haben.

6 Zum Anrichten die Steaks in dicke Streifen schneiden und in einer Reihe auf ein großes Holzbrett legen, die gegrillten Garnelen daneben verteilen. Das geröstete Gemüse, eine Schüssel mit Pommes frites, Dip und Brunnenkressesalat ebenfalls auf dem Brett platzieren. Die Butter in einem kleinen Topf auf niedriger Stufe zerlassen und über Steakscheiben und Garnelen löffeln. Sofort servieren.

Meeresfrüchte-Platte

FÜR 8–10 PERSONEN

Für Puristen muss diese Platte nicht mehr enthalten als Meeresfrüchte auf Eis. Dagegen habe ich nichts einzuwenden, doch ich liebe die Zugabe der dampfend heißen Tintenfischringe. Diese Platte bietet die perfekte Mischung für Meeresfrüchte-Fans. Nehmen Sie auf jeden Fall alle Ihre Favoriten mit auf!

1 Portion Nori-Tintenfischringe (siehe unten)
300 g Räucherlachs
200 g heiß geräuchertes Lachsfilet
200 g küchenfertiges weißes Krabbenfleisch
200 g Taramosalata (griechische Fischrogencreme)
500 g gegarte geschälte Garnelen
Zitronenspalten
30–40 Blini (russische kleine Pfannkuchen, aus dem Feinkostladen), nach Belieben aufgewärmt
30–40 Roggenkräcker
Tabasco

Nori-Tintenfischringe
2 EL Salz
400 g küchenfertige Tintenfischtuben mit Tentakel
Pflanzenöl zum Frittieren
4 Bio-Eiweiß
140 ml Vollmilch
250 g Pankomehl
50 g Weizenmehl (Type 405)
40 g Polenta
1 EL in feine Streifen geschnittene Nori-Blätter (Algenblätter, aus dem Asialaden)
1 TL feiner Zucker

1 Für die Nori-Tintenfischringe das Salz in einer großen Schüssel in etwas heißem Wasser auflösen. Mit kaltem Wasser auffüllen. Die Tintenfischtuben in Streifen und die Tentakel in mundgerechte Stücke schneiden. In das Salzwasser geben und 15–20 Minuten ziehen lassen. Abgießen und trocken tupfen.

2 Das Öl in einem großen Topf bei hoher Stufe auf 180 °C erhitzen. Ein Backblech mit Küchenpapier auslegen. Eiweiß und Milch in einem tiefen Teller verquirlen. In einem Kunststoffbehälter mit Deckel Pankomehl, Mehl, Polenta, Nori und Zucker mischen. Mit dem Deckel verschließen und kräftig schütteln.

3 Portionsweise einige Stücke Tintenfisch durch die Eiweißmischung ziehen und dann in der Mehlmischung wenden, bis sie rundherum überzogen sind. Im heißen Öl 2 Minuten goldbraun frittieren. Mit der Schaumkelle aus dem Öl nehmen und auf Küchenpapier abtropfen lassen. So fortfahren, bis der gesamte Tintenfisch frittiert ist. Dann in eine Schüssel geben.

4 Falls eine Marmorplatte verwendet werden soll, diese vorher in den Kühlschrank stellen, damit die Meeresfrüchte länger kühl bleiben. Beim Verwenden einer Keramikplatte oder eines Metalltabletts, kurz vor dem Servieren Eis darauf verteilen und etwas Platz für die Schüssel mit dem Tintenfisch lassen.

5 Zum Anrichten die Schüssel mit den heißen Tintenfischhäppchen auf das vorbereitete Board stellen. Räucherlachs und heiß geräuchertes Lachsfilet daneben arrangieren. Die Schüsseln mit Krabbenfleisch und Taramosalata auf der Platte platzieren. Lücken mit Garnelen und Zitronenspalten füllen. Mit Blini, Kräckern und Tabasco servieren.

Tempura-Auswahl

FÜR 2–4 PERSONEN

Diese Platte ist beeindruckend und wirkt sehr raffiniert. Dazu passt ein schönes Glas Champagner! Je kälter der Backteig, desto krosser wird später das Tempura. Arbeiten Sie zügig oder stellen Sie die Teigschüssel auf Eis.

6 EL Sojasauce
3 EL Mirin
Kewpie-Mayonnaise (japanische Mayonnaise, aus dem Asialaden)
Zitronenspalten
1 Portion Tempura-Garnelen & -Gemüse (siehe unten)

Tempura-Garnelen & -Gemüse
Pflanzenöl zum Frittieren
175 g Weizenmehl (Type 405)
125 g Maisstärke
½ TL Salz
2 Bio-Eigelb
325 ml eiskaltes Sprudelwasser
12–15 rohe Garnelen, geschält und trocken getupft
1 Aubergine, längs halbiert und in Scheiben geschnitten
200 g Broccolini (Spargelbrokkoli)
100 g kleine Pilze, z. B. Shiitake
4–5 Frühlingszwiebeln, jeweils in 2–3 Stücke geschnitten
1 Zucchino, längs in Streifen geschnitten
1 rote Paprikaschote, in Streifen oder Ringe geschnitten

1. Sojasauce und Mirin in einem Schälchen vermischen. Die Schale zusammen mit einem Schüsslechen Kewpie-Mayonnaise und einigen Zitronenspalten auf einer großen Servierplatte arrangieren.
2. Für Tempura-Garnelen & -Gemüse das Frittieröl in einem großen Topf bei hoher Stufe auf 180 °C erhitzen und ein Backblech mit Küchenpapier auslegen. In einer großen Schüssel Mehl, Maisstärke, Salz und Eigelbe mit dem Schneebesen zu einer festen Masse verarbeiten. Das eiskalte Sprudelwasser allmählich unterrühren, bis der Backteig die Konsistenz dicker Sahne hat.
3. Portionsweise einige Garnelen und Gemüsestücke durch den Teig ziehen und abtropfen lassen, damit sie rundherum dünn benetzt sind. Die Broccolini-Köpfe vor dem Frittieren abschütteln, da sonst zu viel Teig roh bleiben und das fertige Tempura zu schwer würde. Nacheinander vorsichtig in das heiße Öl gleiten lassen und in kleinen Portionen 1–2 Minuten goldgelb frittieren. Auf dem Küchenpapier kurz abtropfen lassen.
4. Das fertige Tempura sofort auf der Servierplatte anrichten und weitere Portionen zufügen, sobald sie fertig sind. Dann sofort servieren.

TIPP

Tempura wird am besten sofort genossen. Warum also nicht die Platte in der Küche anrichten und servieren, damit Ihre Gäste das frisch frittierte Tempura direkt mit einem Drink genießen können?

Sushi-Platte

FÜR 6–8 PERSONEN

Das ist die perfekte Platte für einen eleganten Umtrunk – bei dem das Essen den Getränken die Show stehlen wird! Bieten Sie unterschiedliche Sushi-Arten an, beispielsweise Maki-Rollen, Nigiri und Sashimi.

40–60 Stück gemischtes Sushi und Sashimi
Wasabipaste
eingelegter Ingwer
Sojasauce
Sriracha-Mayonnaise
Röstzwiebeln

1 Zum Anrichten eine große Marmor- oder Schieferplatte verwenden. Das Sushi gruppiert nach den verschiedenen Arten darauf präsentieren, das sieht immer am besten aus. Eine Kugel Wasabipaste mit auf das Board geben und etwas eingelegten Ingwer daneben anrichten. Sojasauce und Sriracha-Mayonnaise jeweils in kleine Schüsselchen füllen und mit auf die Platte stellen. Ein Schälchen mit Röstzwiebeln zufügen und sofort servieren. Die Essstäbchen nicht vergessen!

Sashimi-Auswahl

FÜR 2–4 PERSONEN

Die vielleicht schickste Platte, die Sie vorbereiten können – ideal für eine elegante Dinnerparty mit Freunden. Kaufen Sie auf jeden Fall Fisch in Sushi-Qualität und frieren Sie diesen mindestens 24 Stunden ein, bevor sie ihn wieder auftauen und sauber in Scheiben schneiden.

1 Portion Dip-Sauce (siehe unten)
20–30 Stücke Sashimi, z. B. Thunfisch, Lachs, Garnelen und Tintenfisch
Zitronenscheiben
eingelegter Ingwer
Wasabipaste

Dip-Sauce
60 ml Sojasauce
1 EL Reisweinessig
¼ TL frisch geriebener Ingwer
1 TL Sesamöl

1 In einer kleinen Schüssel alle Zutaten für die Dip-Sauce verrühren.
2 Eine kleine Marmorplatte oder ein mit Eis gefülltes Tablett verwenden. Die Marmorplatte vor dem Anrichten im Kühlschrank aufbewahren, bis sie kalt ist, damit die Meeresfrüchte länger kühl bleiben.
3 Zum Anrichten das Dip-Schüsselchen an den Rand der Platte stellen. Den Fisch sortenweise auf der Platte aufgefächert arrangieren. Die Zitronenspalten daneben anrichten. Eine Kugel der Wasabipaste sowie den eingelegten Ingwer in einer separaten kleinen Schale dazustellen. Sofort servieren.

TIPP

Falls Sie den Fisch selbst schneiden, müssen Sie ein sehr scharfes Messer verwenden (niemals mit Wellenschliff). Der Fisch ist sehr empfindlich, schneiden Sie Ihn am besten in 5 mm dicke Scheiben. An den dickeren Stellen können Sie gerade nach unten schneiden, an den dünneren Stellen der Filets im 45-Grad-Winkel.

Poke Bowls zum Selbermachen

Traditionell war Poke eine simple Sache, heute wird es jedoch oft mit 101 verschiedenen Toppings serviert. Ich liege gerne dazwischen und lasse den Fisch die Hauptrolle spielen. Falls Ihnen die Zeit zum Marinieren fehlt oder Sie keinen Fisch in Sushi-Qualität bekommen, verwenden Sie einfach gebratenen Lachs oder Thunfisch aus der Dose.

1 Portion Marinierter Fisch (siehe unten)
250 g gegarter und gewürzter Sushireis
1 Avocado, in Scheiben geschnitten
1 Mango, gewürfelt
300 g gegarte Edamame
4 Radieschen, in Scheiben geschnitten
6–8 Frühlingszwiebeln, in Ringe geschnitten
4–8 Nori-Blätter (Algenblätter, aus dem Asialaden)
geröstete schwarze und weiße Sesamsamen
Sriracha-Mayonnaise

Marinierter Fisch
250 g Lachs oder Thunfisch in Sushi-Qualität
1 EL Sesamöl
3 EL Sojasauce
1 TL getrocknete Chiliflocken
Saft von 1 Limette

1 Für den Marinierten Fisch den Fisch würfeln und in eine Glas- oder Keramikschüssel füllen. Die anderen Zutaten zufügen und alles sorgfältig in der Schüssel mischen. Etwa 30 Minuten marinieren lassen.

2 Zum Anrichten den Reis auf einer Seite einer mittelgroßen Servierplatte verteilen. Die übrigen Zutaten darum herum anrichten, sodass sich jeder seine eigene Poke Bowl zusammenstellen kann. Einige geröstete Sesamsamen über den marinierten Fisch streuen. Die Sriracha-Mayonnaise und die restlichen Sesamsamen in kleinen Schüsselchen dazureichen.

Snack Boards mit Geflügel

Suppe, die es in sich hat

FÜR 6–8 PERSONEN

In dieser Suppe steckt nicht nur Liebe, sondern auch viel Arbeit, doch Sie werden es nicht bereuen! Bereiten Sie gleich eine große Menge vor und frieren Sie Reste für später ein. Sie können auch weiteres Gemüse nach Belieben zufügen, z. B. Wurzelgemüse wie Pastinaken vor dem Pürieren und grüne Bohnen oder Grünkohl am Schluss für mehr Textur.

1 Portion Cremige Hühner-Gemüse-Suppe (siehe rechts)
Pflanzenöl zum Einfetten
240 g Kichererbsen (aus der Dose, Abtropfgewicht), abgegossen und abgespült
8 EL Schnittlauchröllchen
200 g Cheddar, gehobelt
6–8 Scheiben Bacon, unter dem Ofengrill kross gegart, gehackt
1 rote Zwiebel, fein gehackt
Croûtons
1 Bund Frühlingszwiebeln, in Ringe geschnitten

Cremige Hühner-Gemüse-Suppe
2 EL Olivenöl
100 g Butter
2 Zwiebeln, fein gewürfelt
2 Knoblauchzehen, geschält
2 Karotten, fein gewürfelt
2 Stangen Staudensellerie, gewürfelt
2 Stangen Lauch, in feine Ringe geschnitten
750 g Steckrübe, geschält und gewürfelt
2 große mehligkochende Kartoffeln, geschält und gewürfelt
200 ml Vollmilch
Salz und schwarzer Pfeffer aus der Mühle

Brühe
1 küchenfertiges Hähnchen (ca. 2 kg), in 4–8 Stücke geschnitten
3 Karotten
3 Stangen Staudensellerie
1 Zwiebel, halbiert
1 TL schwarze Pfefferkörner
1 kleine Handvoll Petersilienstängel

1 Für die Brühe alle Zutaten in einen Topf geben, 6 l Wasser zufügen und abgedeckt zum Kochen bringen. Die Temperatur reduzieren und 90 Minuten sieden. Das Hähnchen herausnehmen und beiseitelegen. Die Temperatur erhöhen und die Brühe offen kochen, bis sie auf ca. 1,5 l reduziert ist. Durch ein Sieb in einen Topf gießen und beiseitestellen. Das Fleisch von den Knochen lösen, in mundgerechte Stücke teilen und zur Seite stellen.

2 Für die cremige Suppe in einem großen Topf das Olivenöl und die Hälfte der Butter auf niedriger Stufe erhitzen. Zwiebeln, Knoblauch, Karotten sowie Sellerie zufügen und weich dünsten. Den Lauch untermischen und 10 Minuten mitdünsten.

3 Steckrübe, Kartoffeln, Brühe sowie 1 l Wasser zugeben und zum Kochen bringen, dann auf niedriger Stufe 15–20 Minuten köcheln, bis das Gemüse zart ist. Vom Herd nehmen und restliche Butter sowie Milch einrühren. Die Suppe 10–15 Minuten abkühlen lassen. Mit einem Stabmixer fein pürieren. Mit Salz und Pfeffer abschmecken und abschließend das Hähnchenfleisch untermischen.

4 Den Ofen auf 180 °C (Ober-/Unterhitze) vorheizen und ein Backblech mit etwas Öl fetten. Die Kichererbsen mit Küchenpapier trocken tupfen, auf dem Blech verteilen und 15–20 Minuten kross und goldbraun rösten.

5 Zum Anrichten die Suppe auf 6–8 Becher verteilen und mit Schnittlauchröllchen garnieren. Die Becher auf eine große hitzebeständige Servierplatte stellen und Löffel dazulegen. Die Toppings in kleinen Schüsseln zwischen die Becher stellen. Sofort servieren.

Resteessen-Board

FÜR 4–6 PERSONEN

Durch Ross' Weihnachts-Sandwich in der Serie Friends *zu Ruhm gelangt, schmeckt dieses Reste-Sandwich fast besser als das eigentliche Essen selbst. Das nächste Mal, wenn es bei Ihnen Hähnchen- oder Putenbraten gibt, können Sie die Reste am nächsten Tag für Ihr eigenes perfektes Sandwich verwenden. Ross' Lieblingsvariante, der »moist-maker«, ist optional.*

16–20 Scheiben Weißbrot, z. B. Sauerteigbrot
Aufschnitt, z. B. Salami oder Schinken
Bratenfüllung-Reste, zerbröckelt
Bratwurst-Reste, in Stücke geschnitten, oder Mini-Bratwürste
Käsescheiben, z. B. Cheddar oder Gouda
Tomatenscheiben
Salatblätter, in Streifen geschnitten
12–16 Scheiben Puten- oder Hähnchenbraten-Reste
Bratensaucen-Reste
1 Glas Mayonnaise, mit knusprigen Bacon-Stückchen vermischt
Butter

1. Alle Zutaten vorbereiten, sodass sie zum Belegen von einem Sandwich verwendet werden können. Fleisch und Bratensauce nach Belieben wieder aufwärmen. Die Bratensauce in ein kleines Kännchen füllen.
2. Bratenfüllung, Bacon-Mayonnaise und Butter in separate Schüsselchen geben. Alle Zutaten auf einer großen Holzplatte anrichten. Sofort servieren.
3. Für die optionale »moist-maker«-Variante jeweils eine Scheibe Brot in Bratensauce einweichen und als mittlere Schicht in das Sandwich legen.

TIPP

Lassen Sie sich von diesen Vorschlägen nicht einschränken. Alle möglichen Reste sind für das Resteessen-Board geeignet, vielleicht entdecken Sie eine neue Kombination für sich. Bei uns zu Hause sind z. B. Mozzarella, Pesto und Salz-Essig-Chips als Sandwich-Belag beliebt.

Nachos

FÜR 8 PERSONEN

Bei Nachos gilt: Je mehr, desto besser. Wer würde nicht einen ganzen Teller für sich haben wollen? Das Chipotle-Hähnchen schmeckt nicht nur zu Nachos. Falls etwas übrig bleibt, kann es mit Reis, in Burritos oder auf Salat serviert werden.

1 Portion Chipotle-Hähnchen (siehe unten)
3 große Tüten gesalzene Tortilla-Chips
200 g gereifter Cheddar, gerieben
200 g Guacamole
200 g Tomatensalsa
200 g Sour cream
1 Glas Jalapeño-Scheiben, abgetropft
Limettenspalten

Chipotle-Hähnchen
1 EL Pflanzenöl
1 Zwiebel, sehr fein gewürfelt
2 Knoblauchzehen, zerdrückt
4 Hähnchenbrustfilets (ohne Haut)
300 ml Bier
400 g gehackte Tomaten (aus der Dose)
500 ml Hühnerbrühe
3 Chipotle-Chilischoten in Adobosauce (aus dem Glas, erhätlich im Feinkostladen)
1 getrocknete Ancho-Chilischote, 10 Minuten in kochendem Wasser eingeweicht, dann abgetropft
1 TL Chilipulver
1 EL gemahlener Kreuzkümmel
½ TL getrockneter Oregano
Salz und schwarzer Pfeffer aus der Mühle

1 Zunächst das Chipotle-Hähnchen zubereiten: In einem großen Topf das Pflanzenöl auf mäßig-schwacher Stufe erhitzen und die Zwiebel darin 5–6 Minuten dünsten. Den Knoblauch zufügen und 5 Minuten weiterdünsten, bis die Zwiebel sehr zart ist.

2 Zwiebeln und Knoblauch auf eine Seite des Topfes schieben. Das Hähnchenfleisch zufügen und von beiden Seiten goldbraun braten. Die Temperatur erhöhen und mit dem Bier ablöschen. Während das Bier köchelt, mit einem Pfannenwender den Bratensatz vom Topfboden lösen. Die übrigen Zutaten zufügen und mit Salz und Pfeffer würzen. Zum Kochen bringen und etwa 45 Minuten köcheln lassen, bis das Hähnchenfleisch fast auseinanderfällt.

3 Die Hähnchenbrüste aus dem Topf heben, auf ein Schneidebrett legen und mit zwei Gabeln in Stücke zupfen. Die Ancho-Chilischote aus der Sauce nehmen und entsorgen. Die Sauce auf mittlerer Stufe köcheln lassen, bis sie so weit andickt, dass sie das Hähnchenfleisch gut überziehen wird. Vom Herd nehmen und das Hähnchen unterrühren. Sofort verwenden oder abkühlen lassen und bis zu 3 Tage im Kühlschrank aufbewahren.

4 Ein große ofenfeste Form bereitstellen (Backblech, Emaille- oder Auflaufform), die auch zum Servieren verwendet werden kann. Den Ofen auf 180 °C (Ober-/Unterhitze) vorheizen. Die Tortilla-Chips auf dem Boden der Form verteilen und den Käse darüberstreuen. Das Hähnchenfleisch darauf verteilen. Im Ofen 5–6 Minuten überbacken, bis der Käse geschmolzen und das Hähnchenfleisch dampfend heiß ist.

5 Zum Anrichten die Form aus dem Ofen nehmen und auf einen Untersetzer stellen. Guacamole, Salsa und Sour cream in Klecksen auf dem Board verteilen. Die Jalapeño-Scheiben darüberstreuen und die Limettenspalten am Rand arrangieren. Sofort servieren.

Rauchige Hähnchen-Fajitas

FÜR 6–8 PERSONEN

Ein großartiges Board für die ganze Familie. Für jeden ist etwas dabei, um sich seine Lieblingsfüllung selbst aussuchen zu können.

1 Portion Rauchiges Hähnchen (siehe rechts)
1 EL Pflanzenöl
4 Zwiebeln, in Ringe geschnitten
4 verschiedenfarbige Paprikaschoten, in Streifen geschnitten
Salz und schwarzer Pfeffer aus der Mühle
300 g Guacamole
300 g Pico de gallo oder Tomatensalsa
200 g Sour cream
800 g gegarter Reis
200 g gereifter Cheddar, gehobelt
12–18 weiche Tortillas, erwärmt
Eisbergsalat, in Streifen geschnitten
rote Chilischoten, in Ringe geschnitten
Limettenspalten

Rauchiges Hähnchen
1 EL scharfes Chilipulver
2 EL geräuchertes Paprikapulver
1 EL gemahlener Kreuzkümmel
½ EL gemahlener Koriander
½ TL Cayennepfeffer
1 ¼ TL Knoblauchpulver oder Knoblauchsalz
1 EL getrockneter Oregano
1 TL Salz
½ TL schwarzer Pfeffer aus der Mühle
4 Hähnchenbrustfilets (ohne Haut), ganz oder in Streifen geschnitten
2 EL Pflanzenöl

1 Zunächst das Rauchige Hähnchen zubereiten: In einer großen Schüssel alle Gewürze, Oregano, Salz und Pfeffer mischen. Das Hähnchenfleisch darin wälzen, sodass es rundherum bedeckt ist. Die Hälfte des Öls untermischen. Sofort garen oder über Nacht im Kühlschrank marinieren lassen.

2 Das übrige Öl in einer großen Pfanne auf hoher Stufe erhitzen. Das Hähnchenfleisch darin unter gelegentlichem Wenden rundherum goldbraun braten und durchgaren (10–12 Minuten für ganze Hähnchenbrustfilets und 6–8 Minuten für Hähnchenbruststreifen). Falls die Gewürze anfangen zu verbrennen, die Temperatur etwas reduzieren. Im Ganzen gegarte Hähnchenbrustfilets beiseitelegen und vor dem Schneiden ruhen lassen.

3 Das Pflanzenöl in einer Pfanne auf hoher Stufe stark erhitzen. Zwiebeln und Paprika zufügen, mit Salz und Pfeffer würzen und unter ständigem Rühren 3–4 Minuten braten, bis das Gemüse weich ist und stellenweise schwarz wird. Das Hähnchenfleisch untermischen.

4 Zum Anrichten Saucen, Reis und Käse in separaten Schüsseln auf einem großen Metalltablett oder Holzbrett arrangieren. Tortillas und Salatblätter daneben anrichten, Chiliringe und Limettenspalten in die Zwischenräume bzw. zum Reis geben. Sofort zusammen mit dem warmen Hähnchenfleisch in der Pfanne auf den Tisch stellen, sodass sich jeder seine eigenen Fajitas zusammenstellen kann.

Hähnchen-Butter-Board

FÜR 6–8 PERSONEN

Einmal davon gekostet, werden Sie dieser Butter verfallen. Alle, die meine Hähnchen-Butter jemals probiert haben, waren ausnahmslos davon begeistert. Gern geschehen!

1 Portion Hähnchen-Butter (siehe unten)
650 g Sauerteigbrot, in Stücke geschnitten
200 g gemischte Kräcker

Hähnchen-Butter
150 g Hähnchenhaut (8–10 Stücke)
500 g weiche Butter
1 TL Meersalzflocken

1. Für die Hähnchen-Butter zunächst den Ofen auf 180 °C (Ober-/Unterhitze) vorheizen und ein Backblech mit Backpapier auslegen. Die Hähnchenhaut-Stücke nebeneinander in einer Lage auf dem vorbereiteten Blech ausbreiten. Mit einem zweiten Stück Backpapier abdecken und ein weiteres Backblech zum Beschweren daraufstellen, damit sich die Haut im Ofen nicht zusammenrollt. 15–20 Minuten goldbraun und kross backen. Abkühlen lassen.
2. Die Butter in eine Küchenmaschine geben, Meersalz, krosse Hähnchenhaut und beim Backen ausgetretenes Fett hinzufügen und glatt pürieren. Sofort verwenden oder bis zu 5 Tage im Kühlschrank aufbewahren.
3. Zum Anrichten die Butter mit einer Winkelpalette oder einem Löffel auf einem mittelgroßen Servierteller oder Holzbrett verstreichen. Brot und Kräcker daneben arrangieren und sofort servieren.

TIPP

Bitten Sie den Metzger Ihres Vertrauens darum, Hähnchenhaut für Sie aufzuheben, die sonst weggeworfen werden würde, oder kaufen Sie Hähnchenbrustfilets und Hähnchenschenkel mit Haut, um diese hier zu verwenden.

Chicken-Wings-Board

FÜR 8–10 PERSONEN

Diese Hähnchenflügel sind der perfekte Snack zu jeder Sportübertragung im Fernsehen. Wie Brot und Butter gehören Chicken Wings und Sport einfach zusammen. Diese Hähnchenflügel sind etwas ganz Besonderes, da sie langsam gegart werden, bis sich das Fleisch von den Knochen löst.

1 Portion Konfierte Hähnchenflügel (siehe unten)
Blauschimmelkäse-Dip (aus dem britischen Feinkostladen)
1 Flasche Ihrer liebsten scharfen Sauce
gemischte Rohkost, z. B. Karottenstifte, Staudenselleriestangen, Rote-Paprika-Streifen und Gurkenstifte

Konfierte Hähnchenflügel
8 Knoblauchzehen, in Scheiben geschnitten
2 EL Thymianblättchen
2 TL getrocknete rote Chiliflocken
Saft von 1 Zitrone
1 gehäufter EL brauner Zucker
40 g Meersalz
32–48 Hähnchenflügel
1 l Pflanzenöl

Gewürzmischung
2 EL Knoblauchsalz
1 EL Thymianblättchen
1 TL Cayennepfeffer

1 Zunächst die Konfierten Hähnchenflügel zubereiten: In einem großen Gefrierbeutel Knoblauch, Thymian, Chiliflocken, Zitronensaft, Zucker und Salz mischen. Die Hähnchenflügel zufügen und alles gut vermengen, sodass sie rundherum überzogen sind. Mindestens 8 Stunden im Kühlschrank ziehen lassen.

2 Den Ofen auf 160 °C (Ober-/Unterhitze) vorheizen. Die Hähnchenflügel aus der Marinade nehmen und mit Küchenpapier möglichst viel davon abreiben. Die Hähnchenflügel dicht nebeneinander in eine große, tiefe Bratreine legen und das Öl darübergießen, sodass sie vollständig bedeckt sind. Mit Alufolie abdecken und 2 ½ Stunden auf unterster Schiene backen.

3 Die Hähnchenflügel leicht abkühlen lassen, dann vorsichtig aus dem Öl heben und auf einem Gitterrost gut abtropfen lassen. Auf ein sauberes Backblech legen und unter dem mäßig heißen Ofengrill 5–10 Minuten goldbraun und kross grillen. Dabei gelegentlich wenden.

4 In einer großen Schüssel die Zutaten für die Gewürzmischung verrühren. Die krossen Hähnchenflügel in der Mischung schwenken und überschüssige abschütteln.

5 Zum Anrichten den Blauschimmelkäse-Dip in eine Schüssel füllen. Zusammen mit der scharfen Sauce in der Flasche auf eine mittelgroße Servierplatte aus Metall stellen. Die krossen Chicken Wings an mehreren Stellen auf der Platte auftürmen und die Rohkost dazwischen arrangieren. Servieren und eine Schüssel für die Knochen nicht vergessen.

Hähnchenbraten-Board

FÜR 4–6 PERSONEN

Was könnte es an einem winterliche Sonntagabend Besseres geben als Hähnchenbraten? Die »Füllung« macht hier den Unterschied. Dieses Essen wird Sie warmhalten, ganz egal, wie kalt es draußen ist.

1 Portion Salbei-Zwiebel-Füllung (siehe unten)
1 großes oder 2 kleine Brathähnchen
15–20 geröstete Kartoffeln
600 g geröstete Karotten oder Pastinaken
500 g gedämpftes oder sautiertes Gemüse, z. B. Erbsen, Palmkohl, Broccolini oder Blumenkohl
Bratensauce
körniger Senf

Salbei-Zwiebel-Füllung
200 g Weißbrot, in 2,5 cm große Würfel geschnitten
50 g Butter
1 Zwiebel, fein gewürfelt
1 Stange Staudensellerie, fein gewürfelt
2 Knoblauchzehen, zerdrückt
350 g Wurstbrät
Salz und schwarzer Pfeffer aus der Mühle
1 TL Thymianblättchen
1 TL gehackte Rosmarinnadeln
1 EL grob gehackte Petersilie
1 EL gehackter Salbei
1 Prise frisch geriebene Muskatnuss
Abrieb von ½ unbehandelten Bio-Zitrone
400 ml Hühnerbrühe
2 Bio-Eier (Größe M)

1 Für die Salbei-Zwiebel-Füllung den Ofen auf 160 °C (Ober-/Unterhitze) vorheizen. Das Brot auf einem Backblech ausbreiten und 15–20 Minuten backen, bis es trocken ist. Zum Abkühlen beiseitestellen, den Ofen jedoch eingeschaltet lassen.

2 Inzwischen die Butter in einer großen Pfanne auf mittlerer Stufe zerlassen. Zwiebel, Sellerie und Knoblauch darin 8–10 Minuten zart und goldbraun sautieren. Die Temperatur erhöhen, das Wurstbrät zufügen, mit Salz sowie Pfeffer würzen und rundherum bräunen. Dabei mehrmals wenden.

3 Die Wurstbrät-Mischung in eine große Schüssel füllen. Kräuter, Muskatnuss, Zitronenabrieb und Brot zufügen und alles sorgfältig vermengen. Die Mischung in eine Backform füllen.

4 Die Hühnerbrühe in einen Messbecher füllen. Die Eier zufügen und mit einer Gabel verquirlen. Die Flüssigkeit über die Wurstbrät-Mischung gießen und 10–15 Minuten ziehen lassen, damit sich das Brot vollsaugt.

5 Mit Alufolie abdecken und 30 Minuten backen, dann die Folie entfernen, die Temperatur auf 190 °C erhöhen und 15 Minuten weiterbacken, bis die Oberfläche goldbraun ist. Aus dem Ofen nehmen und vor dem Servieren 5 Minuten ruhen lassen.

6 Zum Anrichten die Füllung in die Mitte einer großen Servierplatte stellen. Die Brathähnchen in Portionen schneiden und neben der Füllung arrangieren. Die restlichen Zutaten rundherum platzieren, kleines Gemüse wie Erbsen dafür in Schüsselchen füllen. Die Bratensauce aufwärmen und in einer Sauciere oder einem Mini-Topf ebenfalls auf die Platte stellen.

Salat mit Ente & Wassermelone

FÜR 4–6 PERSONEN

Ich hatte einmal einen Wassermelonen-Salat mit Ente in einem Restaurant im Londoner Stadtteil Camden, den ich nie vergessen werde. Seitdem hatte ich viele Variationen dieses Salats, die aber nie an ihn heranreichten. Dies ist meine Version und ich finde sie richtig gut!

1 Portion Konfierte Entenschenkel (siehe unten)
3 EL Hoisin-Sauce
2 EL Sojasauce
1 EL Mirin
1 Knoblauchzehe, zerdrückt
½ TL frisch geriebener Ingwer
250 g geschälte Wassermelone, in mundgerechte Stücke geschnitten
100 g Cashewkerne, geröstet
6 Frühlingszwiebeln, in feine Ringe geschnitten
1 Salatgurke, grob gewürfelt
10 g Minzblätter
10 g Koriandergrün
1 EL weiße und schwarze Sesamsamen

Konfierte Entenschenkel
4 Entenschenkel
60 g Meersalzflocken
1 TL Thymianblättchen
2 Zweige Rosmarin
1 TL schwarze Pfefferkörner
4 Knoblauchzehen, geschält
750 g Entenschmalz

1 Zunächst die Ente konfieren: Die Schenkel dicht nebeneinander in eine kleine Backform oder Auflaufform legen. Rundherum mit Salz einreiben, dann die Kräuter, Pfefferkörner und Knoblauchzehen darunterschieben. Abdecken und 2–12 Stunden im Kühlschrank ziehen lassen.

2 Den Ofen auf 140 °C (Ober-/Unterhitze) vorheizen. Möglichst viel Salz und Kräuter von den Entenschenkeln abschaben und wieder in die Form legen. Das Entenschmalz in einem kleinen Topf auf mittlerer Stufe zerlassen und dann über die Entenschenkel in der Backform gießen, sodass diese vollständig bedeckt sind. Mit Alufolie abdecken und im Ofen 3 Stunden garen. Vollständig abkühlen lassen und dann die konfierten Entenschenkel aus dem Fett nehmen. Sofort verwenden oder bis zu 5 Tage im Kühlschrank aufbewahren.

3 Für diesen Salat können die Entenschenkel im Ganzen oder von den Knochen gelöst serviert werden.
Zum Servieren der Schenkel am Stück den Ofen auf 200 °C (Ober-/Unterhitze) vorheizen, die Entenschenkel auf ein Backblech legen und 20–30 Minuten backen, bis die Haut kross und goldbraun ist. Alternativ das kalte Fleisch mit zwei Gabeln von den Knochen lösen, in kleine Stücke teilen und dann in einer Pfanne auf hoher Stufe unter gelegentlichem Rühren aufwärmen, bis es kross ist.

4 Inzwischen für das Dressing Hoisin-Sauce, Sojasauce, Mirin, Knoblauch und Ingwer in einer kleinen Schüssel glatt rühren.

5 Solange das konfierte Entenfleisch noch heiß ist, den Salat anrichten: Die Zutaten in Gruppen auf einer großen ovalen oder runden Servierplatte arrangieren. Das Dressing und die Sesamsamen in kleinen Schüsseln mit Löffeln dazwischen platzieren, sodass sich jeder seinen Salat selbst zusammenstellen kann.

»Cobb Salad«

FÜR 4 PERSONEN

Diesen Salat gibt es bei mir im Sommer häufig zum Mittagessen. Dabei spielt es keine Rolle, ob zwei oder zwanzig Gäste kommen. Dieser Salat kommt immer gut an.

1 Portion Sherryessig-Dressing (siehe unten)
1 Kopf Eisbergsalat, in Streifen geschnitten
2 Hähnchenbrustfilets, gebraten und in Scheiben geschnitten
6 Scheiben Bauchspeck, unter dem Ofengrill kross gegart, gehackt
50 g Blauschimmelkäse, zerbröckelt
8–10 Kirschtomaten, geviertelt
4 hart gekochte Bio-Eier, geviertelt
2 Avocados, in Scheiben geschnitten
1 rote Zwiebel, in Ringe geschnitten
100 g Mais

Sherryessig-Dressing
½ TL Dijonsenf
1 Knoblauchzehe, zerdrückt
2 EL Sherryessig
6 EL natives Olivenöl extra
Salz

1 Für das Sherryessig-Dressing alle Zutaten und 1 Prise Salz in ein Schraubglas füllen, fest mit dem Deckel verschließen und zum Mischen kräftig schütteln.

2 Zum Anrichten alle Zutaten für den Salat in Gruppen auf einer mittelgroßen Servierplatte verteilen und das Dressing in einer kleinen Kanne dazureichen, sodass sich jeder seinen Salat selbst zusammenstellen kann.

TIPP

Ich bereite alle meine Salatdressings in Schraubgläsern zu. Das geht ganz einfach, die Gläser lassen sich gut im Kühlschrank aufbewahren, reinigen und transportieren.

»Caesar Salad« mit gegrilltem Hähnchen

FÜR 2–4 PERSONEN

Dies ist eins der Gerichte, die besonders häufig angefragt werden, wenn ich Catering mache. So einfach und so köstlich!

1 Portion Caesar-Dressing (siehe unten)
100 g Kapern (aus dem Glas), abgetropft
Olivenöl zum Beträufeln
200 g Parmesan, gerieben
2–3 Romanasalatherzen
4 Hähnchenbrustfilets
Salz
2–4 hart gekochte Bio-Eier, halbiert
Croûtons
schwarzer Pfeffer aus der Mühle

Caesar-Dressing
1 Knoblauchzehe, zerdrückt
4 Sardellenfilets (aus der Dose)
Saft von ½ Zitrone, plus mehr nach Belieben
2 TL Rotweinessig
1 Bio-Eigelb
75 ml natives Olivenöl extra
50 g Parmesan, gerieben
Salz und schwarzer Pfeffer aus der Mühle

1 Zunächst das Caesar-Dressing zubereiten: Knoblauch, Sardellenfilets, Zitronensaft, Essig und Eigelb in einen hohen Becher füllen, das Olivenöl zufügen und mit einem Pürierstab 30–60 Sekunden zu einem glatten, dickflüssigen Dressing verarbeiten. Den Parmesan untermischen, mit Salz und Pfeffer würzen und nach Belieben mit Zitronensaft abschmecken. Falls das Dressing zu dickflüssig ist, etwas kaltes Wasser unterrühren (es sollte die Konsistenz von leicht angeschlagener Sahne haben). Sofort verwenden oder bis zu 3 Tage im Kühlschrank aufbewahren.

2 Den Ofen auf 180 °C (Ober-/Unterhitze) vorheizen und drei Backbleche mit Backpapier auslegen. Die Kapern mit Küchenpapier trocken tupfen und auf einem der Bleche verteilen. Etwas Öl darüberträufeln und darauf achten, dass die Kapern in einer Lage ausgebreitet sind. 10–15 Minuten kross backen.

3 Den Parmesan in 8–10 bierdeckelgroßen Haufen auf den beiden anderen Blechen verteilen und etwa 5 Minuten backen, bis der Käse geschmolzen ist und Blasen wirft. Aus dem Ofen nehmen und abkühlen lassen.

4 Die Salatherzen vierteln und in einer heißen Grillpfanne rundherum anbraten, bis sie Grillspuren aufweisen. Beiseitestellen und nun die Hähnchenbrustfilets in die Pfanne geben. Salzen und 10–12 Minuten braten, dabei nach der Hälfte der Zeit ein Mal wenden, bis das Hähnchen durchgegart und rundherum gebräunt ist. Etwa 10 Minuten ruhen lassen und dann in dicke Scheiben schneiden.

5 Zum Anrichten das Caesar-Dressing in einem Schüsselchen mit einem Löffel zum Servieren auf eine mittelgroße Servierplatte oder ein Holzbrett stellen. Die gegrillten Salatherzen, das Hähnchenfleisch, die Eier, Parmesan-Chips, Croûtons und krossen Kapern auf dem Rest der Platte arrangieren. Die Eier mit Salz und Pfeffer würzen und sofort servieren, solange das Hähnchenfleisch noch warm ist.

Snack Boards mit Fleisch

Klassische Aufschnittplatte

FÜR 4 PERSONEN

Diese Platte ist wunderbar dafür geeignet, sie Freunden an einem kalten Tag nach einem Spaziergang anzubieten. Eine sättigende Platte zum Wohlfühlen, die am besten mit einem großen Glas Rotwein und in einem bequemen Sessel serviert wird.

200 g Fleischpastete oder grobe Pâté de Campagne
100 g Saucisson, in Scheiben geschnitten
100 g Salami
100 g luftgetrockneter Schinken
20–30 Kräcker
rote Trauben an kleinen Rispen
Walnusskernhälften
1 Glas grobkörniger Senf
1 Glas Cornichons mit süßen Perlzwiebeln
Butter
3 kleine Baguettes, in Stücke gerissen

1 Zum Anrichten die Pastete auf ein mittelgroßes Holzbrett oder eine Marmorplatte legen. Den Aufschnitt, die Kräcker, Trauben sowie Walnusskerne rundherum arrangieren. Senf, Cornichons und Butter in separaten Schüsselchen ebenfalls auf dem Brett platzieren. Sofort mit dem Baguette servieren. Messer für die Pastete und Löffel für Senf und Cornichons nicht vergessen.

»Urlaub in den Bergen«-Board

FÜR 4 PERSONEN

Sobald ich den Duft des Käses Vacherin Mont d'Or vernehme, fühle ich mich in die Berge versetzt. Wenn ich im Skiurlaub bin, gehört diese Platte zu meinen Lieblingsessen, und auch zu Hause ist sie wunderbar. Ein absolutes Muss an kalten Winterabenden.

1 Vacherin Mont d'Or (etwa 400 g)
400 g luftgetrockneter Aufschnitt aus Bergregionen, z. B. Schinken oder Salami
500 g neue Kartoffeln, gekocht
1 Glas Cornichons mit süßen Perlzwiebeln
2 Baguettes, in Scheiben geschnitten

1 Den Ofen auf 200 °C (Ober-/Unterhitze) vorheizen. Den Vacherin Mont d'Or auspacken und in eine traditionelle Camembert-Backform setzen oder zurück in die untere Hälfte des Holzbehälters legen und diese mit Alufolie umwickeln. Den Käse mehrmals überkreuz einschneiden, sodass ein Rautenmuster entsteht. Im vorgeheizten Ofen 20 Minuten backen, bis der Käse auch in der Mitte geschmolzen ist. Leicht abkühlen lassen.

2 Zum Anrichten den Käse in seinem Holzkörbchen auf eine mittelgroße Servierplatte stellen und die anderen Zutaten um den Käse herum arrangieren. Die Cornichons in einem Schüsselchen servieren und Fonduegabeln bereitlegen. Sofort servieren und viel Brot dazureichen.

TIPP

Als Alternative zum gebackenen Käse passen ein Käsefondue oder Raclette großartig zu den anderen Elementen dieser Platte.

Canapé-Board

FÜR 4–6 PERSONEN

Das Canapé-Board ist am elegantesten von allen. Perfekt für eine Party mit Drinks oder zum Aperitif vor dem Essen. Sie müssen nicht jedes Element selbst machen, allein mit einem *selbst gemachten Canapé werden Sie Ihre Freunde beeindrucken.*

1 Portion Parmesan-Chorizo-Windbeutel (siehe unten)
eine Auswahl Spieße, z. B. Mozzarellabällchen, Salami und Basilikum, Satay-Hähnchen
eine Auswahl Crostini, z. B. sonnengetrocknete Tomaten und Manchego oder Burrata, Pesto und Tomate
eine Auswahl häppchengroßer Canapés, z. B. Kroketten und Arancini

Parmesan-Chorizo-Windbeutel
125 ml Vollmilch
90 g Butter
110 g Weizenmehl (Type 405)
1 Prise Salz
50 g Parmesan, gerieben
3 Bio-Eier, verquirlt

Füllung
40 g Butter
50 g weiche Chorizo, enthäutet, zerbröckelt
50 g Weizenmehl (Type 405)
450 ml Vollmilch
100 g Parmesan, gerieben
Salz und schwarzer Pfeffer aus der Mühle

1 Für die Parmesan-Chorizo-Windbeutel den Ofen auf 200 °C (Ober-/Unterhitze) vorheizen und zwei Backbleche mit Backpapier auslegen. In einem Topf Milch, 100 ml Wasser und Butter auf mittlerer Stufe zum Kochen bringen, dann Mehl und Salz zufügen. Kräftig rühren, bis eine glatte Masse entsteht, die sich als Kugel vom Topfrand löst. Den Parmesan unterrühren. Die Masse leicht abkühlen lassen (damit die Eier nicht stocken), anschließend die Eier nach und nach kräftig untermischen, bis eine glatte, glänzende Masse entsteht, die langsam vom Löffel tropft (evtl. werden die Eier nicht komplett benötigt). Die Masse in einen Spritzbeutel mit großer Lochtülle füllen und kirschgroße Kuppeln mit Abstand auf die Backbleche spritzen. Mit einem leicht befeuchteten Finger die Teigspitzen abflachen, damit sie nicht anbrennen. Etwas Wasser über die Bleche sprühen und die Windbeutel 8–10 Minuten backen, ohne die Ofentür zu öffnen.

2 Mit einem Spießchen ein kleines Loch in die Böden der Windbeutel stechen und sie dann mit dem Loch nach oben 8–10 Minuten in den Ofen schieben, bis sie vollständig getrocknet sind. Herausnehmen und komplett abkühlen lassen.

3 Für die Füllung die Butter in einem Topf auf mittlerer Stufe zerlassen. Die Chorizo zufügen und durchgaren, bis alles Fett ausgelassen ist. Das Mehl zufügen und unter Rühren 2–3 Minuten anschwitzen. Vom Herd nehmen und die Milch allmählich mit dem Schneebesen unterrühren. Zurück auf den Herd stellen und unter ständigem Rühren erhitzen, bis die Mischung angedickt ist. Den Parmesan untermischen, mit Salz und Pfeffer abschmecken und leicht abkühlen lassen. In einen Spritzbeutel füllen.

4 Die Windbeutel halbieren, die untere Hälfte mit der Parmesan-Chorizo-Masse füllen, die obere Hälfte aufsetzen.

5 Zum Anrichten eine Auswahl Ihrer Lieblings-Canapés (die Liste oben ist nur ein Vorschlag) auf einer Schieferplatte aufreihen. Pro Person 4–6 Canapés zu Drinks servieren oder pro Person 8–10 anstelle einer leichten Mahlzeit.

Bruschetta-Board

FÜR 4–6 PERSONEN

Ein großartiges Board zu Drinks im Garten. Ihre Gäste werden Freude dabei haben, ihre eigenen Bruschette zusammenzustellen.

1 Portion Rote Tapenade (siehe rechts)
5–6 Tomaten, gewürfelt
1 rote Zwiebel, fein gewürfelt
1 Handvoll Basilikumblättchen, zerpflückt
Salz
200 g TK-Dicke Bohnen, blanchiert und ledrige Haut entfernt, oder aus dem Glas, abgetropft
100 g Ricotta
20–30 Olivenöl-Crostini
100 g Blauschimmelkäse, zerbröckelt
100 g Brie, in Scheiben geschnitten
100 g Manchego, in Scheiben geschnitten
100 g Mozzarellabällchen
75 g Pancetta, kross gebraten
75 g Prosciutto
75 g Salami
Apfel- und Birnenscheiben
1 Glas Basilikum-Pesto
1 Glas Chutney

Rote Tapenade
3 Knoblauchzehen, geschält
50 g Walnusskernhälften, geröstet
50 g Parmesan, gerieben
350 g gegrillte Paprika (aus dem Glas)
50 g sonnengetrocknete Tomaten in Olivenöl
2 EL natives Olivenöl extra
Salz und schwarzer Pfeffer aus der Mühle

1 Die Rote Tapenade zubereiten: Knoblauch, Walnusskerne und Parmesan in der Küchenmaschine grob hacken. Geröstete Paprika und sonnengetrocknete Tomaten zufügen und alles fein zerkleinern. Das Olivenöl untermischen und mit Salz und Pfeffer abschmecken. In eine Schüssel füllen und sofort servieren oder bis zu 3 Tage im Kühlschrank aufbewahren.

2 In einer Schüssel Tomaten, rote Zwiebeln und Basilikum mischen und mit 1 Prise Salz würzen. In einer weiteren Schüssel Dicke Bohnen, Ricotta und 1 Prise Salz vermischen.

3 Zum Anrichten die Schüsseln mit dem Gemüse und eine Schüssel Tapenade auf ein mittelgroßes Tablett oder eine mittelgroße Servierplatte stellen. Die anderen Elemente rundherum verteilen, in Schüsseln oder ausgebreitet, sodass der Boden des Tabletts möglichst gut bedeck ist. Sofort servieren.

TIPP

Etwas Zitronensaft über die Apfel- und Birnenscheiben träufeln, damit sie nicht braun anlaufen.

Italienisches Delikatessen-Board

FÜR 4–6 PERSONEN

Schließen Sie die Augen und stellen Sie sich vor, sie wären auf der Piazza della Signoria in Florenz. Auf diesem Board finden Sie alle meine italienischen Lieblingsspeisen – fast, denn groß genug für Pasta oder Pizza ist es nicht! Servieren Sie dazu Prosecco oder Aperol Spritz.

1 Portion Marinierte Mozzarellabällchen (siehe unten)
3 große Tomaten, in Scheiben geschnitten
2 Kugeln Mozzarella, in Scheiben geschnitten
1 Handvoll Basilikumblätter
500 g gemischter italienischer Aufschnitt, z. B. Mailänder Salami, Mortadella
150 g Pecorino, in Scheiben geschnitten
sonnengetrocknete Tomaten in Öl
gesalzene Mandelkerne
20–30 Olivenöl-Crostini
2 EL Balsamico-Essig
2 EL natives Olivenöl extra
Salz

Marinierte Mozzarellabällchen
200 g Mozzarellabällchen
2 EL natives Olivenöl extra
1 Knoblauchzehe, zerdrückt
½ TL getrockneter Oregano
½ TL getrocknete Chiliflocken

1 Zunächst die Mozzarellabällchen marinieren: Die kleinen Mozzarellakugeln mit Öl, Knoblauch, Oregano und Chiliflocken in einer kleinen Schüssel mischen und einige Stunden im Kühlschrank ziehen lassen.

2 Zum Anrichten Tomaten- und Mozzarellascheiben sowie Basilikumblättchen auf einer Seite einer mittelgroßen Servierplatte abwechselnd leicht überlappend anrichten, sodass ein Caprese-Salat entsteht. Den Aufschnitt und Pecorino ebenfalls auf der Platte arrangieren. Die Mozzarellabällchen und sonnengetrockneten Tomaten in separaten Schälchen zwischen die anderen Zutaten stellen. Abschließend die gesalzenen Mandeln und 1 große Handvoll Crostini zufügen.

3 Kurz vor dem Servieren Essig und Olivenöl über den Caprese-Salat träufeln und mit 1 Prise Salz würzen. Gabeln und kleine Teller für den Caprese-Salat bereitstellen.

Larb-Board

FÜR 4 PERSONEN

Seit ich dieses Gericht in einem wunderbaren Restaurant in Soho, London, das erste Mal gegessen habe, bin ich wie davon besessen. Da ich es nicht ganz so scharf mag, ist meine Version milder. Dieses Gericht lässt sich großartig teilen und Ihre Gäste werden begeistert sein.

1 Portion Schweinefleisch-Larb (siehe unten)
500 g gegarter Jasminreis
8–12 Romanasalatblätter
Koriandergrün
Limettenscheiben
Gurkenscheiben
geröstete Erdnüsse, zerstoßen

Schweinefleisch-Larb
3 EL ungekochter Reis
1 EL Pflanzenöl
450 g Schweinehackfleisch
1 EL thailändische Fischsauce
Saft von 1 Limette
1 TL Zucker
2 Schalotten, in feine Ringe geschnitten
2 rote Chilischoten, in feine Ringe geschnitten
1 große Handvoll Minzblätter, grob gehackt
1 große Handvoll Thai-Basilikum oder Koriandergrün, grob gehackt
3 Frühlingszwiebeln, in feine Ringe geschnitten

1 Das Schweinefleisch-Larb zubereiten: Den trockenen Reis in einer kleinen Pfanne auf niedriger Stufe ohne Fett und unter häufigem Rühren goldbraun rösten. In eine Gewürzmühle oder einen Mixer füllen und zu feinem Pulver verarbeiten.
2 Das Öl in einer großen Pfanne auf hoher Stufe erhitzen und das Schweinefleisch darin braten, bis es gerade eben durchgegart ist. Die Fischsauce sowie 1 EL Wasser unterrühren und vom Herd nehmen. Limettensaft, Zucker, Schalotten, Chilischoten, und gemahlenen Reis unterheben. Dann Kräuter und Frühlingszwiebeln zufügen.
3 Zum Anrichten ein mittelgroßes, hitzebeständiges Holzbrett verwenden, auf dem die Pfanne Platz findet. Den gegarten Reis in einer Schüssel auf das Brett stellen. Die Salatblätter und anderen Zutaten am Rand des Bretts arrangieren (die Erdnüsse in einer Schüssel) und abschließend die Pfanne mit dem heißen Larb in die Mitte stellen. Lassen Sie Ihre Gäste zugreifen, solange das Fleisch noch heiß ist.

TIPP

Für dieses Rezept können auch in Stücke geschnittenes, vom Knochen gelöstes Hähnchenschenkelfleisch oder zerbröckelter fester Tofu verwendet und wie das Schweinefleisch gegart werden.

Luxus-Picknick-Board

FÜR 4–6 PERSONEN

Dies ist wahrscheinlich das ursprünglichste Snack-Board und gleichzeitig einer meiner Favoriten. Ganz einfache Zutaten, die viel Eindruck schinden. Die einzelnen Elemente lassen sich gut in Behälter packen, um dann für ein Picknick angerichtet zu werden, oder lassen sich sogar im Voraus in großen Auflaufformen anrichten. Denken Sie daran, Fleisch und Käse während des Transports zu kühlen.

500 g gemischter Aufschnitt, z. B. Salami und Bresaola
600 g Käse (ein Hartkäse, ein Weichkäse, ein Blauschimmelkäse), in Scheiben geschnitten oder zerbröckelt
20–25 gemischte Kräcker, z. B. Käse-Kräcker, Frucht-Nuss-Kräcker (siehe S. 44)
1 Glas Kapernäpfel, abgetropft
Walnusskernhälften oder andere Nusskerne, geröstet
frische Feigen, geviertelt
rote Trauben an kleinen Rispen
frische Honigwaben
essbare Blüten, z. B. Stiefmütterchen

1 Zum Anrichten den Aufschnitt an mehreren Stellen einer mittelgroßen Servierplatte arrangieren. Die verschiedenen Käsesorten separat daneben präsentieren. Die Kräcker in Reihen zwischen Aufschnitt und Käse verteilen. Lücken mit den anderen Elementen füllen, die Honigwabe in einer kleinen Schüssel auf die Platte stellen. Mit essbaren Blüten garnieren und sofort servieren.

TIPP

Mini-Picknicks in Kunststoffbehältern verpackt sind ein großartiges Geschenk!

Hot-Dog-Board

FÜR 4–6 PERSONEN

Wie man perfekte karamellisierte Zwiebeln zubereitet, habe ich gelernt, als ich als Privatköchin große Mengen französische Zwiebelsuppe zubereiten musste. Und obwohl die Suppe köstlich ist, würde ich die Zwiebeln doch immer lieber auf Hot Dogs oder Burgern genießen.

1 Portion Perfekt karamellisierte Zwiebeln (siehe unten)
6–12 Hot-Dog-Brötchen, aufgeschnitten
scharfer Senf
körniger Senf
Ketchup
Barbecue-Sauce
Jalapeño-Scheiben (aus dem Glas)
Sauerkraut (aus dem Glas)
Gewürzgurken, in Streifen geschnitten
Tomaten, in Scheiben geschnitten
gewürfelte Zwiebeln
6–12 Hot-Dog-Würstchen, laut Packungsangabe aufgewärmt

Perfekt karamellisierte Zwiebeln
75 g Butter
4 Zwiebeln, in Ringe geschnitten
Salz

1 Für die Perfekt karamellisierten Zwiebeln die Butter in einem großen Schmortopf oder normalen Topf auf niedriger Stufe zerlassen. Die Zwiebeln und 1 Prise Salz zufügen und mindestens 1 Stunde unter gelegentlichem Rühren schmoren, bis sie sehr zart und goldbraun karamellisiert sind. Die Zwiebeln nicht zu schnell garen, da sie sonst verbrennen oder nicht genug Geschmack entwickeln. In eine Schüssel füllen und sofort servieren oder abgedeckt bis zu 3 Tage im Kühlschrank aufbewahren.

2 Zum Anrichten die Hot-Dog-Brötchen auf einer Seite eines mittelgroßen Tabletts oder eines Holzbretts arrangieren. Die verschiedenen Toppings und die karamellisierten Zwiebeln in separate Schüsseln füllen und auf dem Tablett verteilen. Die Hot-Dog-Würstchen erst in die Brötchen legen, wenn die Gäste sofort essen, oder auf dem Herd warm halten, wenn sie sonst kalt werden würden. Nach Belieben Papierservietten dazureichen – das fühlt sich schön nostalgisch an!

TIPP

Persönlich mag ich die weichen, luftigen Hot-Dog-Brötchen am liebsten, Laugenbrötchen sind hier aber auch geeignet.

Tapas

FÜR 4–6 PERSONEN

Sie müssen nicht so tun, als wären Sie in Barcelona. Dieses Board wird Sie direkt dorthin versetzen.

1 Portion Rotwein-Honig-Chorizo (siehe unten)
1 EL Olivenöl, plus mehr zum Beträufeln
12 Padrón-Paprikaschoten
Salz
500 g spanische Kartoffeltortilla, in Stücke geschnitten
8–12 Scheiben Ciabatta, geröstet
3 große Tomaten, gerieben
400 g spanischer Aufschnitt, z. B. Lomo, Serrano-Schinken oder Jamón Ibérico
600 g spanischer Käse, z. B. Manchego, in Scheiben geschnitten
Membrillo (Quittenbrot)
mit Mandeln gefüllte grüne Oliven

Rotwein-Honig-Chorizo
250 g Chorizo, in Scheiben geschnitten
100 ml Rotwein
2 EL Honig

1 Für die Zubereitung der Rotwein-Honig-Chorizo die Wurstscheiben nebeneinander auf den Boden einer großen Pfanne legen und auf niedriger Stufe erhitzen, bis das Fett austritt. Die Temperatur erhöhen und die Chorizo kross braten und durcherhitzen. Mit dem Rotwein ablöschen. Vorsicht, dabei kann es spritzen und aufflammen. Während der Wein reduziert, die Pfanne schwenken, bis der Wein fast vollständig verdampft ist. Den Honig zufügen und sobald die Mischung Blasen wirft, den Herd ausstellen. Leicht abkühlen lassen, dann die Chorizo-Scheiben in den Bratensäften wenden.

2 Das Olivenöl in einer mittleren Pfanne auf hoher Stufe erhitzen, die Padrón-Schoten zufügen und unter gelegentlichem Rühren 6–8 Minuten braten, bis sie zart und rundherum gebräunt sind. Mit 1 Prise Salz abschmecken.

3 Zum Anrichten die Chorizo-Scheiben mit ihren Bratensäften in eine hitzebeständige Schüssel füllen und auf einem mittelgroßen Tablett oder Brett platzieren, mit Fonduegabeln oder Löffeln zum Servieren. Die Padrón-Schoten in einer separaten Schüssel dazustellen und die Tortilla auf einem kleinen Teller präsentieren. Die Ciabatta-Scheiben auf dem Board verteilen, die geriebenen Tomaten darauflöffeln, mit Olivenöl beträufeln und abschließend mit 1 Prise Salz würzen. Die übrigen Zutaten auf dem Brett arrangieren, die Oliven in einem Schüsselchen dazugeben und sofort servieren.

Carnita-Tacos

FÜR 6–8 PERSONEN

Manchmal ist einfach einfach besser. Diese Tacos sprechen für sich und brauchen nicht viele Komponenten. Ab und zu esse ich sie einfach mit ein paar Zwiebelwürfeln, für Partys gebe ich den Gästen jedoch gerne eine Auswahl verschiedener Füllungen, die ganz nach Belieben kombiniert werden können.

1 Portion Schweinefleisch-Carnitas (siehe unten)
16–24 Tortilla-Wraps, leicht erwärmt
2 Zwiebeln, gewürfelt
grüne Chilischoten, in Ringe geschnitten
300 g grüne Salsa
Avocado-Scheiben
Limettenhälften

Schweinefleisch-Carnitas
1 kg Schweineschulter ohne Knochen, in 2,5 cm große Würfel geschnitten
300 g Bauchspeck, in 2,5 cm große Würfel geschnitten
1 TL Salz
½ TL schwarzer Pfeffer aus der Mühle
300 ml Hühnerbrühe
3 EL frisch gepresster Orangensaft
1 Lorbeerblatt
Salz

1 Zunächst die Schweinefleisch-Carnitas zubereiten: In einem großen Topf alle Zutaten (bis auf das Salz) auf hoher Stufe zum Kochen bringen. Die Temperatur reduzieren und abgedeckt 1 ½–2 Stunden köcheln lassen, bis das Fleisch sehr zart ist. Für die letzten 5 Minuten der Garzeit den Deckel entfernen und die Flüssigkeit etwas reduzieren lassen.
2 Schweinefleisch und Bratensäfte in eine große Pfanne füllen und auf hoher Stufe zum Kochen bringen. Mit dem Ende eines Holzkochlöffels ein paar Fleischstücke zerdrücken. Mit 1 Prise Salz würzen und köcheln lassen, bis die Flüssigkeit so weit verdampft ist, dass das Fleisch beginnt zu braten. Gut umrühren und die Pfanne immer wieder schwenken, bis das Fleisch außen schön kross ist (das dauert 5–7 Minuten).
3 Zum Anrichten die Carnitas in der Pfanne servieren oder in eine hitzebeständige Schüssel umfüllen. In die Mitte eines großen, hitzebeständigen Holzbretts stellen. Die Tortillas in der Mitte falten und leicht überlappend neben dem Fleisch präsentieren. Die anderen Zutaten in Schüsseln auf dem Brett verteilen. Lücken mit Limettenhälften füllen und sofort servieren.

Chili, das es in sich hat

FÜR 6–8 PERSONEN

Dieses Chili kann den ganzen Tag vor sich hinköcheln, um dann abends die Familie satt zu machen. Perfekt für kalte Winterabende. Ein unwiderstehliches Wohlfühlessen!

1 Portion Chili mit Chipotle, Rind & Bohnen (siehe rechts)
2–3 Maiskolben
1 rote Chilischote, fein gehackt
1 kleine Handvoll gehacktes Koriandergrün, plus mehr ganze Stängel zum Servieren
3 große Tüten Tortilla-Chips
200 g gereifter Cheddar, gerieben
200 g Tomatensalsa
4–5 Avocados, in Scheiben geschnitten oder zerdrückt
Sour cream
1 Glas Jalapeño-Scheiben
Frühlingszwiebeln, in Ringe geschnitten
Limettenspalten

Chili mit Chipotle, Rind & Bohnen
2 EL Olivenöl
800 g Rinderbrust
Salz und schwarzer Pfeffer aus der Mühle
1 Zwiebel, fein gewürfelt
2 Karotten, fein gewürfelt
2 Stangen Staudensellerie, fein gewürfelt
3 gemischte Paprikaschoten, gewürfelt
4 Knoblauchzehen, zerdrückt
1 EL gemahlener Kreuzkümmel
2 TL scharfes geräuchertes Paprikapulver
1 TL scharfes Chilipulver
1 TL getrockneter Oregano
1 EL Tomatenmark
3 Chipotle-Chilischoten in Adobosauce (aus dem Glas, erhätlich im Feinkostladen)
800 g Eiertomaten (aus der Dose)
500 ml Rinderbrühe
960 g gemischte Bohnen, (aus der Dose, Abtropfgewicht), abgegossen und abgespült

1 Für das Chili mit Chipotle, Rind & Bohnen das Öl in einem Schmortopf auf hoher Stufe erhitzen. Das Rindfleisch hineingeben, mit Salz und Pfeffer würzen und rundherum anbräunen. Dann aus dem Topf nehmen und beiseitelegen. Die Temperatur auf mittlere Stufe reduzieren. Zwiebeln Karotten und Sellerie zufügen und 8–10 Minuten dünsten. Paprikaschoten und Knoblauch dazugeben und weitere 10 Minuten dünsten.

2 Die Temperatur leicht erhöhen und die Gewürze, Oregano und Tomatenmark sorgfältig unterrühren. Dann Chipotle-Chilischoten, Tomaten und Rinderbrühe hinzufügen. Zum Kochen bringen und das Rindfleisch zurück in den Topf legen. Die Temperatur auf niedrige Stufe reduzieren und alles 3–4 Stunden schmoren lassen, bis das Rindfleisch zart ist und auseinanderfällt.

3 Das Fleisch aus dem Topf heben und mit zwei Gabeln in Stücke zupfen. Mit den Bohnen in den Topf geben, vermengen und abschmecken. Etwa 5 Minuten köcheln. Sofort verwenden oder maximal 5 Tage im Kühlschrank aufbewahren. Im Gefrierschrank hält sich das Chili bis zu 3 Monate.

4 Die Maiskolben unter dem vorgeheizten Ofengrill rundherum grillen. Abkühlen lassen, die Körner von den Kolben schneiden und in eine Schüssel füllen. Dann Chilischote und Koriandergrün untermischen.

5 Zum Anrichten den Topf mit dem Chili in die Mitte eines hitzebeständigen Bretts stellen. Die Tortilla-Chips daneben aufhäufen. Die anderen Zutaten rundherum in Schüsseln verteilen. Den Gästen große Schüsseln geben, damit sie ihr Chili mit ihren Lieblingstoppings verfeinern können.

Pizza-Bällchen

FÜR 6–8 PERSONEN

Ich bin mir sicher, dass dies das Lieblingsrezept meines Mannes aus diesem Buch ist. Die Teigbällchen sind leicht gemacht, leicht zu genießen – aber schwer zu teilen … Meine Freunde wünschen sie sich immer, wenn sie zu Besuch kommen. Sie werden begeistert sein!

600 g Weizenmehl (Type 550), plus mehr zum Arbeiten
10 g Trockenhefe
1 EL feines Salz
150 g passierte Tomaten
1 TL getrockneter Oregano
Salz und schwarzer Pfeffer aus der Mühle
150 g Butter
4 Knoblauchzehen, zerdrückt
50 g scharfe Salami, gewürfelt
1 EL gehackte Petersilie
250 g geriebener Mozzarella

1 In einer großen Schüssel Mehl, Hefe und Salz mischen, dann 350 ml kaltes Wasser unterrühren. Auf einer leicht bemehlten Arbeitsfläche 15 Minuten kneten, bis der Teig glatt und elastisch ist. Alternativ den Teig in der Küchenmaschine mit dem Knethaken 10 Minuten kneten. Den Teig zu einer Kugel formen und in einer sauberen Schüssel abgedeckt 90–120 Minuten gehen lassen, bis sich sein Volumen verdoppelt hat.

2 Inzwischen passierte Tomaten und Oregano mischen und großzügig mit Salz und Pfeffer würzen. Beiseitestellen. In einem kleinen Topf die Butter zerlassen, den Knoblauch zufügen, vom Herd nehmen und ziehen lassen. Eine runde Backform (ca. 30 cm Ø) an den Seiten und auf dem Boden mit Backpapier auslegen.

3 Den aufgegangenen Teig kurz durchkneten, dann in 24 Kugeln à etwa 40 g aufteilen. Die Teigkugeln nacheinander auf einer leicht bemehlten Arbeitsfläche bierdeckelgroß ausrollen und jeweils mit ein paar Salamistückchen und 1 TL Tomatensauce füllen. Die Ränder über der Füllung zusammenbringen und zum Versiegeln sorgfältig zusammendrücken. Mit der Nahtseite nach unten nebeneinander in der vorbereiteten Backform arrangieren. Mit Frischhaltefolie abdecken und 30 Minuten gehen lassen. Den Ofen auf 220 °C (Ober-/Unterhitze) vorheizen.

4 Die Teigbällchen 20 Minuten goldbraun backen. Währenddessen die Petersilie unter die Knoblauchbutter rühren. Die Butter über die Pizza-Bällchen träufeln und den Käse darüberstreuen. 5 Minuten zurück in den Ofen schieben, bis der Käse geschmolzen ist. Vor dem Servieren 5 Minuten abkühlen lassen.

TIPP

Sie können die Pizza-Bällchen nach Belieben füllen – solange die Zutaten nicht gegart werden müssen. Probieren Sie gewürfelte Chorizo und Käse oder Jalapeño-Ringe und Paprika mit Pesto.

Smash-Burger-Board

FÜR 4–6 PERSONEN

Mein Lieblingsboard für Grillpartys … Smash-Burger sind dünne, gut durchgebratene Fleischbratlinge. Ihre Freunde werden großen Spaß beim Zusammenstellen der individuellen Burger haben, denn schließlich ist die perfekte Burger-Kombination etwas ganz Persönliches.

1 Portion Smash-Burger (siehe unten)
6–12 Burgerbrötchen, aufgeschnitten
12 Scheiben Käse
1 Portion Perfekt karamellisierte Zwiebeln (siehe S. 114)
1 rote Zwiebel, in Ringe geschnitten
2 große Tomaten, in Scheiben geschnitten
1 Kopf Romanasalat, in Streifen geschnitten
12–20 Scheiben Bacon, unter dem Ofengrill kross gegart
1 Glas Jalapeño-Scheiben
Senf
Relish
Mayonnaise
Tabasco

Smash-Burger
1 Zwiebel, fein gewürfelt
1 kg Rinderhackfleisch
2 EL Semmelbrösel
1 EL fein gehackte Petersilie
1 TL Salz
1 TL schwarzer Pfeffer aus der Mühle
1 EL Pflanzenöl

1 Zunächst die Smash-Burger zubereiten: In einer großen Schüssel alle Zutaten, bis auf das Pflanzenöl, mit sauberen Händen gut vermengen, dabei die Mischung nicht zu stark zusammendrücken. Aus der Masse sechs große oder zwölf kleine Kugeln formen und diese mit Abstand zwischen zwei Lagen Backpapier legen. Mit einer Teigrolle 1 cm dick ausrollen. Vor dem Garen mindestens 30 Minuten im Kühlschrank ruhen lassen.

2 Das Öl in einer Grillpfanne auf hoher Stufe erhitzen oder die Bratlinge direkt auf dem sehr heißen Grill garen. Beim Braten mit dem Pfannenwender flach auf das Fleisch drücken, bis die Unterseite schön kross und karamellisiert ist. Wenden und die zweite Seite ebenso grillen.

3 Zum Anrichten die Burgerbrötchen in einer Ecke eines großen Holzbretts platzieren und die restlichen Zutaten auf dem Brett verteilen. Karamellisierte Zwiebeln, Jalapeños und Mayonnaise in Schüsseln servieren und Platz für die Burger lassen. Die Burger auf dem Brett platzieren, sobald sie gar sind und dann mit der nächsten Ladung auffüllen.

TIPP

Ich mache meine eigene Burgersauce, indem ich Ketchup und Mayonnaise mische und mit einem Schuss Sriracha abschmecke.

Süße Snack Boards

Frühstücks-Pancakes

FÜR 4–6 PERSONEN

Was gibt es Besseres als fluffige amerikanische Pancakes mit Speck und Ahornsirup? Die perfekte Verpflegung für Familien oder alle, die einen Kater haben!

1 Portion Fluffige Pancakes (siehe unten)
12–18 Scheiben Bacon, unter dem Ofengrill kross gegart
200 g Blaubeeren
3–4 Bananen, in Scheiben geschnitten
Schlagsahne
Butter
1 Flasche Ahornsirup
1 Glas Erdbeerkonfitüre
1 Glas Nuss-Nougat-Creme

Fluffige Pancakes
275 g Weizenmehl (Type 405)
2 TL Backpulver
1 TL Salz
50 g feiner Zucker
275 ml Vollmilch
2 Bio-Eier (Größe M)
60 g Butter, zerlassen
Pflanzenöl zum Braten

1 Für die Fluffigen Pancakes zunächst Mehl und Backpulver mischen, dann in eine große Schüssel sieben. Salz und Zucker unterrühren und eine Mulde in der Mitte formen. Die Milch in die Mulde füllen und mit dem Schneebesen allmählich unter die trockenen Zutaten rühren, bis eine glatte Masse entsteht. Anschließend die Eier untermischen, gefolgt von der zerlassenen Butter. Den Teig 10 Minuten ruhen lassen.

2 Eine oder zwei Pfannen mit ein wenig Pflanzenöl einfetten und überschüssiges Öl mit Küchenpapier herauswischen. Auf mittlerer Stufe erhitzen, dann je eine Kelle des Teigs in die Mitte geben. Nach einiger Zeit steigen kleine Bläschen an die Oberfläche, die aufplatzen. Sobald die Oberfläche größtenteils mit diesen Bläschen bedeckt ist, die Pancakes wenden und von der andere Seite 2–3 Minuten braten, bis sie goldbraun und durchgegart sind. Die fertigen Pancakes auf einem Backblech im Ofen bei niedriger Temperatur warm halten, während die übrigen Pancakes gebraten werden. Bei Bedarf die Pfannen erneut fetten.

3 Zum Anrichten die Pancakes auf einen Teller türmen und diesen auf ein mittelgroßes Tablett oder eine Servierplatte stellen. Den Bacon daneben anrichten und die anderen Zutaten auf dem Tablett arrangieren, dabei Obst, Schlagsahne und Butter jeweils in Schüsseln präsentieren. Sofort servieren.

Crêpe-Auswahl

FÜR 4–6 PERSONEN

Diese Crêpes sind leicht gemacht und werden innerhalb weniger Sekunden schon wieder weg sein.

1 Portion Crêpes (siehe unten)
2 Zitronen, in Spalten geschnitten
250 g Himbeeren
250 g Brombeeren
feiner Zucker zum Bestreuen
Naturjoghurt
1 Glas Schwarze-Johannisbeer- oder Kirschkonfitüre

Crêpes
300 g Weizenmehl (Type 405)
1 Prise Salz
1 EL feiner Zucker
625 ml Vollmilch
4 Bio-Eier (Größe M)
60 g Butter, zerlassen, plus mehr zum Einfetten

1. Für die Crêpes Mehl, Salz und Zucker in einer Schüssel mischen und in der Mitte eine Mulde formen. Die Milch hineingießen und mit dem Schneebesen allmählich unter die trockenen Zutaten rühren. Sobald ein glatter Teig entstanden ist, die Eier untermischen und 20 Minuten ruhen lassen. Abschließend die zerlassene Butter unterziehen.
2. Ein oder zwei Pfannen mit etwas Butter fetten. Überschüssige Butter mit Küchenpapier auswischen. Die Pfannen auf mittlerer Stufe erhitzen, dann jeweils eine Kelle des Teigs in die Mitte geben und die Pfanne sanft schwenken, um den Boden der Pfanne dünn und gleichmäßig mit Teig zu bedecken. 1–2 Minuten goldbraun braten, dann wenden und von der anderen Seite weitere 2 Minuten bräunen.
3. Die Crêpes je zwei Mal falten, sodass Viertel entstehen, und auf einem Backblech im Ofen bei niedriger Stufe warm halten, während die übrigen Crêpes gebacken werden. Nach Bedarf die Pfannen mit mehr Butter fetten.
4. Zum Anrichten die warmen Crêpes wie einen Fächer auf einer mittelgroßen Servierplatte anrichten. Die anderen Zutaten rundherum arrangieren, wobei Zucker und Joghurt in Schüsseln präsentiert werden. Sofort servieren.

Eclairs zum Selbst-Zusammenstellen

FÜR 6–8 PERSONEN

Dieses Eclair-Board zum Selbst-Zusammenstellen wird Ihre Gäste beeindrucken. Es ist etwas ganz Besonderes und hebt dadurch das Niveau eines Kaffeetrinkens oder Desserts.

1 Portion Eclairs (siehe unten)
600 g Sahne, aufgeschlagen
400 g gemischter Zuckerguss, z. B. mit Kaffee- oder Himbeergeschmack
150 g Schokoladensauce
1 Glas Lemon Curd
zerstoßene Baisers
gemischte frische Beeren

Eclairs
125 ml Vollmilch
90 g Butter
110 g Weizenmehl (Type 405)
1 Prise Salz
3 Bio-Eier, verquirlt

1 Für die Eclairs den Ofen auf 200 °C (Ober-/Unterhitze) vorheizen und zwei Backbleche mit Backpapier auslegen. In einem kleinen Topf Milch, 100 ml Wasser sowie Butter auf mittlerer Stufe zum Kochen bringen. Sobald die Mischung sprudelnd kocht, Mehl und Salz unter kräftigem Rühren zufügen. So weiter verfahren, bis sich die Masse von den Topfwänden löst. Vom Herd nehmen und leicht abkühlen lassen (damit die Eier nicht stocken), dann die Eier nach und nach untermischen. Kräftig weiterrühren, bis ein glatter, glänzender Teig entsteht, der langsam vom Löffel tropft (eventuell wird nicht das ganze Ei benötigt). In einen Spritzbeutel mit Lochtülle füllen.

2 Die Masse mit Abstand in 10 cm langen Streifen auf die vorbereiteten Backbleche spritzen. Kleine Teigspitzen an den Enden mit einem befeuchteten Finger glätten, damit sie nicht anbrennen. Etwas Wasser über die Bleche sprühen und 12–14 Minuten backen, ohne die Ofentür zu öffnen. Dann aus dem Ofen nehmen und mit einem Spießchen ein kleines Loch in die Unterseite der Eclairs stechen. Mit der Lochseite nach oben zurück auf die Bleche legen und 8–10 Minuten backen, bis die Eclairs vollständig ausgetrocknet sind.

3 Abkühlen lassen und am gleichen Tag servieren oder in einem luftdicht verschlossenen Behälter bei Raumtemperatur bis zu 2 Tage aufbewahren (vor dem Servieren 5 Minuten aufbacken).

4 Zum Anrichten die Eclairs längs aufschneiden und auf die Mitte eines mittelgroßen Holz- oder Marmorbretts legen. Die verschiedenen Füllungen und Toppings in Schüsselchen füllen und rundherum auf dem Brett anrichten, sodass sich die Gäste ihre Eclairs füllen können.

TIPP

Für gleichförmige Eclairs zunächst 10 cm lange Linien auf das Backpapier zeichnen, es dann wenden und die Linien als Orientierung beim Aufspritzen der Masse nutzen.

Croissant-Frühstücks-Board

FÜR 4 PERSONEN

Das ideale Frühstück für ein faules Wochenende! Es kann gut im Voraus zubereitet und dann kurz vor dem Servieren angerichtet werden. Wählen Sie Ihre Lieblingscroissants – Butter-, Schoko- oder Mandel- – oder servieren Sie eine Mischung.

1 Portion Erdbeerkonfitüre (siehe unten)
6–10 Croissants, leicht erwärmt
250 g gemischte frische Beeren
250 g geschälte und geputzte Ananas, in mundgerechte Stücke geschnitten
100 g Käseaufschnitt
100 g Prosciutto
2 Tomaten, in Scheiben geschnitten

Erbeerkonfitüre
650 g Erdbeeren, Stielansatz entfernt und halbiert oder geviertelt
400 g Gelierzucker
Saft von ½ Zitrone

1 Für die Erdbeerkonfitüre zwei Einmachgläser sterilisieren (je ca. 350 ml Fassungsvermögen). Dafür Gläser und Deckel 1–2 Minuten in kochendes Wasser geben. Herausheben und kopfüber auf einem sauberen Backblech abtropfen lassen. Für die Gelierprobe später zwei Untertassen in den Gefrierschrank stellen.
2 Die Erdbeeren in einer Schüssel (nicht aus Metall) mit Zucker und Zitronensaft mischen. Abgedeckt 2 Stunden ziehen lassen. Dann mit dem Kartoffelstampfer leicht zerdrücken.
3 In einen großen Topf geben und auf mittlerer Stufe erhitzen, bis sich der Zucker aufgelöst hat und die Flüssigkeit glänzt. Die Temperatur erhöhen und 4 Minuten sprudelnd kochen.
4 Vom Herd nehmen, etwas von der Mischung auf eine der kalten Untertassen geben. 1–2 Minuten warten. Mit einer Fingerspitze leicht gegen die Konfitüre drücken. Wenn sie fertig ist, wirft die Oberfläche Falten. Zieht der Finger eine Schneise durch die Konfitüre, muss sie 2 Minuten weiter kochen. Erneut testen. Den Vorgang wiederholen, bis die Konfitüre fest genug ist.
5 Sobald der Gelierpunkt erreicht ist, den Schaum von der Oberfläche abschöpfen und die Konfitüre mit Hilfe eines hitzebeständigen Messbechers oder Trichters in die sterilen Gläser füllen. Mit Wachspapierkreisen abdecken, die Gläser fest verschließen und abkühlen lassen. Sofort verwenden oder bis zu 3 Monate an einem kühlen Ort lagern.
6 Zum Anrichten die Croissants auf einer Seite eines mittelgroßen Holzbretts arrangieren. Ein Glas Erdbeerkonfitüre mit Löffel in die Mitte des Bretts stellen. Früchte, Käse, Prosciutto und Tomaten rundherum verteilen und sofort servieren.

TIPP

Das Konfitüre-Rezept eignet sich für alle Sommerbeeren wie Himbeeren, Blaubeeren oder eine Beerenmischung.

Mini-Donuts

FÜR 6–8 PERSONEN

Dies ist eine meiner Lieblingsideen für große Gruppen. Donuts kommen immer gut an – vor allem, wenn man die Füllung ganz nach Belieben zusammenstellen kann.

1 Portion Mini-Donuts (siehe unten)
2–3 Gläser Konfitüre
1 Glas Nuss-Nougat-Creme
500 g Vanillepudding
300 ml Salzkaramellsauce

Mini-Donuts
225 ml Vollmilch
1 EL sehr feiner Zucker, plus mehr zum Wälzen
45 g Butter
14 g Trockenhefe
400 g Weizenmehl (Type 550), plus mehr zum Arbeiten
1 TL Salz
2 Bio-Eier, verquirlt
2 l Pflanzenöl zum Frittieren, plus mehr zum Einfetten

1 Zunächst die Mini-Donuts zubereiten: In einem kleinen Topf Milch, Zucker und Butter auf mittlerer Stufe leicht erwärmen. Vom Herd nehmen, die Hefe untermischen und 5–10 Minuten ruhen lassen, bis sich Blasen an der Oberfläche bilden.

2 In einer großen Schüssel Mehl und Salz mischen. Die Hefemischung und die Eier zufügen und unterrühren, bis die Zutaten zu einem groben Teig zusammenkommen. Auf einer leicht bemehlten Arbeitsfläche etwa 15 Minuten kneten, bis der Teig glatt und elastisch ist. Alternativ in der Küchenmaschine mit dem Knethaken 10 Minuten kneten. In eine große, saubere Schüssel legen, mit Frischhaltefolie abdecken und 60–90 Minuten gehen lassen, bis der Teig sein Volumen verdoppelt hat.

3 Die Mischung in 32 gleichmäßige Portionen à etwa 30 g teilen, zu Kugeln formen und mit Abstand auf ein großes Backblech setzen. Mit leicht geölter Frischhaltefolie abdecken und etwa 40 Minuten gehen lassen.

4 Das Pflanzenöl in einem großen Topf auf 165 °C erhitzen. Die Donuts darin portionsweise von jeder Seite 2 Minuten frittieren, dann auf einem mit Küchenpapier ausgelegten Blech abtropfen lassen, während die nächste Portion frittiert wird. Feinen Zucker in einen tiefen Teller füllen und die Donuts rundherum darin wälzen.

5 Zum Anrichten die Donuts auf einem mittelgroßen, mit Backpapier ausgelegten Tablett verteilen, dabei Platz für die Schüsselchen mit den Füllungen und Toppings lassen. Ein Messer dazulegen, falls die Donuts zum Füllen aufgeschnitten werden sollen, oder Spieße, falls die Füllungen mit Spritzbeuteln in die Donuts gespritzt werden sollen. Das Tablett auf ein großes Holzbrett stellen und die Schüsselchen mit den Füllungen und Toppings neben die Donuts stellen, mit Löffeln oder Spritzbeuteln zum Füllen. Sofort servieren und die Füllungen nach Herzenslust kombinieren.

Schokoladen-Mousse

FÜR 8 PERSONEN

Ein dekadentes Dessert-Board, und auch für Kinder ein Genuss. Spaß für die ganze Familie!

1 Portion Schokoladen-Mousse (siehe unten)
250 g Sahne, steif geschlagen
250 g gemischte frische Beeren
Honeycomb-Stücke (aufgeschäumtes, festes Karamell) mit Schokoladenüberzug (aus dem Feinkostladen)
Schokoladenraspeln

Schokoladen-Mousse
240 g Zartbitterschokolade, gehackt
8 Bio-Eier (Größe M), getrennt
4 TL feiner Zucker

1 Für die Schokoladen-Mousse die Schokolade in eine hitzebeständige Schüssel geben und auf einen Topf mit siedendem Wasser stellen (dabei darf der Boden der Schüssel das Wasser nicht berühren). Vorsichtig umrühren, bis die Schokolade zu schmelzen beginnt, dann den Herd ausstellen und die Schokolade komplett schmelzen lassen.

2 Die Schüssel vom Topf nehmen, ein paar Minuten abkühlen lassen und die Eigelbe zügig mit dem Schneebesen unterrühren, bis die Mischung andickt. Beiseitestellen.

3 Die Eiweiße in einer sehr sauberen Schüssel mit dem Handrührgerät zu lockerem Eischnee schlagen. Alternativ in der Küchenmaschine mit dem Schneebesenaufsatz rühren. Den Zucker allmählich unterrühren und den Eischnee steif schlagen.

4 Ein Drittel des Eischnees mit dem Teigschaber unter die Schokoladenmasse heben, um die Mischung lockerer zu machen. Nun den restlichen Eischnee sehr vorsichtig unterheben. Die Masse in eine Servierschüssel oder individuelle Dessertgläser füllen und mindestens 4 Stunden in den Kühlschrank stellen. Sofort servieren oder bis zu 3 Tage im Kühlschrank aufbewahren.

5 Zum Anrichten die Schüssel bzw. Dessertgläser auf einem mittelgroßen Board anrichten und die Schüsselchen mit den verschiedenen Toppings rundherum stellen, sodass sich jeder nach Lust und Laune bedienen kann.

TIPP

Diese Mousse enthält rohes Ei, ist also für Schwangere oder kleine Kinder nicht geeignet.

Pavlova zum Selbst-Zusammenstellen

FÜR 4 PERSONEN

Dem Belag von Pavlova sind kaum Grenzen gesetzt: Bananenscheiben, Salzkaramell, Bitterorangenmarmelade, Konfitüren, Marshmallows … aber so wie hier esse ich es am liebsten.

1 Portion Mini-Pistazien-Baisers (siehe unten)
100 g Zartbitterschokolade
250 g gemischte frische Beeren
250 g Sahne, steif geschlagen
1 Glas Lemon Curd

Mini-Pistazien-Baisers
4 Bio-Eiweiß
1 TL frisch gepresster Zitronensaft
200 g feiner Zucker
50 g gestiftelte Pistazienkerne

1 Zunächst die Mini-Pistazien-Baisers zubereiten: Den Ofen auf 120 °C (Ober-/Unterhitze) vorheizen. Die Eiweiße in einer sehr sauberen Schüssel mit dem Handrührgerät locker aufschlagen (alternativ in der Küchenmaschine mit dem Schneebesenaufsatz). Langsam weiterrühren und den Zitronensaft zufügen, dann unter ständigem Rühren den Zucker teelöffelweise untermischen. Etwa 10 Sekunden länger aufschlagen, dann aufhören. Um zu prüfen, ob der Eischnee steif ist, den Schneebesen entfernen und die Schüssel auf den Kopf stellen – die Mischung sollte sich nicht bewegen.

2 Die Pistazien über den Eischnee streuen und sehr vorsichtig mit einem Teigschaber unterheben. Ein Backblech mit Backpapier auslegen und das Papier in den Ecken jeweils mit einem kleinen Klecks Baiser festkleben.

3 Die Baisermasse mit einem Löffel oder einer Spritztülle in beliebiger Größe und Form auf das vorbereitete Backblech geben. Ich empfehle, bierdeckelgroße Portionen der Masse auf das Blech zu verteilen und mit dem Löffel jeweils eine Mulde in die Mitte zu drücken, sodass Baiser-Nester entstehen. Alternativ mit dem Spritzbeutel Mini-Baisers spritzen, sodass die Gäste mehr als eine Portion essen können.

4 Nun 1 ½–2 Stunden backen, bis die Baisers vollständig getrocknet sind. Abkühlen lassen und sofort verwenden oder in einem luftdicht verschlossenen Behälter bis zu 5 Tage aufbewahren.

5 Die Schokolade in Stücke brechen und in einer hitzebeständigen Schüssel über dem heißen Wasserbad unter Rühren schmelzen. Die Schüssel sollte das Wasser nicht berühren.

6 Zum Anrichten die Baisers auf eine mittelgroße Servierplatte setzen und Beeren, Schlagsahne, zerlassene Schokolade und Lemon Curd in separaten Schüsselchen und Gläsern mit Löffeln rundherum arrangieren. Sofort servieren.

Eisbecher

FÜR 4–6 PERSONEN

Als Kind ging ich besonders gerne zur Pizzeria vor Ort, um deren Eisdiele zu besuchen. Dort konnte ich mir alle möglichen Süßigkeiten als Toppings für mein Eis auswählen und fand das sehr dekadent. Dieses Board ruft Erinnerungen daran hervor. Suchen Sie sich Ihr Lieblingseis aus und toppen Sie es nach Belieben.

1 Portion Nuss-Nougat-Eiscreme (siehe unten) oder eine Mischung gekaufter Sorten
300 g Sahne, steif geschlagen
eine Auswahl an Toppings, z. B.
- Mini-Pralinen
- Mini-Marshmallows
- Gummibärchen
- Zuckerstreusel
- Salzbrezeln
- Oreo-Kekse, zerbröckelt
- Mini-Brownies

1 Flasche Schokoladensauce
1 Flasche Erdbeersauce
Waffelröllchen
Eistüten

Nuss-Nougat-Eiscreme
900 ml Vollmilch
270 g feiner Zucker
8 Bio-Eigelb
600 g Sahne
300 g Nuss-Nougat-Creme

1 Zunächst die Nuss-Nougat-Eiscreme zubereiten. Gegebenenfalls die Schüssel der Eismaschine am Vortag in den Gefrierschrank stellen.

2 Die Milch in einem mittleren Topf zum Siedepunkt erhitzen. Inzwischen in einer Schüssel den Zucker und die Eigelbe mit dem Schneebesen hell und schaumig rühren. Die Milch vom Herd nehmen und unter kräftigem Rühren zur Eigelbmasse gießen. Diese Mischung zurück in den Topf geben, die Sahne untermischen und auf niedriger Stufe unter ständigem Rühren erhitzen, bis die Mischung andickt. Nicht aufkochen lassen, damit die Eier nicht stocken.

3 Nuss-Nougat-Creme unterrühren und abkühlen lassen. In die gekühlte Schüssel der Eismaschine füllen und 30–40 Minuten gefrieren. Alternativ in eine flache Schale füllen, 4 Stunden in den Gefrierschrank stellen und dann mit einem Holzkochlöffel umrühren. 1 Stunde zurück in den Gefrierschrank stellen, dann erneut kräftig rühren. Diesen Prozess noch zwei Mal wiederholen, bis eine glatte Eiscreme entstanden ist.

4 Die Eiscreme in einen Kunststoffbehälter, eine Kastenform oder kleine Eisformen füllen und sofort verwenden oder bis zu 3 Monate im Gefrierschrank aufbewahren. Vor dem Servieren mindestens 20 Minuten im Kühlschrank antauen lassen.

5 Zum Anrichten einen großen Behälter mit Eiswürfeln füllen und in die Mitte eines mittelgroßen Tabletts stellen. Die Eiscreme-Becher, inklusive Löffeln, in die Eiswürfel stellen. Die Toppings in Schüsselchen mit kleinen Löffeln oder Zangen rund um das Eis arrangieren, ebenso wie die Saucen, Eiswaffeln und Eistüten. Sofort servieren.

Filmabend-Snacks

FÜR 4–6 PERSONEN

Der Grundgedanke hier ist ein Tablett mit verlockenden Häppchen, perfekt für einen Filmabend oder einen Abend mit Freunden. Fügen Sie hinzu, was Sie möchten!

1 Portion Salzkaramell-Zimt-Popcorn (siehe unten)
75 g Salzbrezeln
75 g Schokoladendragees
75 g Gummibärchen
75 g frische Beeren oder Trauben
75 g gesalzene Nusskerne
75 g Trockenfrüchte

Salzkaramell-Zimt-Popcorn
1 EL Pflanzenöl
150 g Popcorn-Mais
300 g feiner Zucker
75 g Butter
1 EL Zimtpulver
1 TL Meersalzflocken

1. Zunächst das Salzkaramell-Zimt-Popcorn zubereiten: Dafür das Öl in einen großen Topf geben, den Popcorn-Mais zufügen und den Topf mit dem passenden Deckel verschließen. Kräftig schütteln und dann abgedeckt auf mittlerer Stufe erhitzen, bis das erste »Pop« zu hören ist. Nun die Temperatur auf niedrige Stufe reduzieren und die Maiskörner weiter aufpoppen lassen. Wenn das Poppen weniger wird, die Herdplatte ausstellen, den abgedeckten Topf aber noch auf dem Herd lassen, bis das Poppen aufgehört hat.
2. Inzwischen den Zucker in einem mittelgroßen Topf auf hoher Stufe erhitzen. Einen ordentlichen Schuss Wasser zufügen, zum Kochen bringen und 4–5 Minuten köcheln lassen, bis die Mischung eine tiefgoldene Farbe hat. Zügig Butter, Zimt und Salz unterrühren und dann vom Herd nehmen. Kurz beiseitestellen.
3. Das Popcorn auf einem Backblech verteilen und den Zimt-Salzkaramell darüberträufeln. Vollständig abkühlen lassen, dann Klumpen gegebenenfalls auseinanderbrechen.
4. Zum Anrichten das Popcorn in einer großen Schüssel in die Mitte eines großen Tabletts stellen. Die anderen Leckereien rund um die Schüssel verteilen, entweder direkt auf dem Tablett oder in separaten Schüsselchen.

Valentinstag-Board

FÜR 2 PERSONEN

Nicht immer will man sich die Mühe machen, ein Schokoladenfondue warmzuhalten. Dieser Schokoladendip kann bei Raumtemperatur serviert werden, sodass Sie den ganzen Abend entspannt dippen können!

1 Portion Schokoladendip (siehe unten)
250 g frische Früchte, z. B.
  Kiwispalten
  Apfelspalten (siehe Tipps und Tricks, S. 13)
  Nektarinen- oder Pfirsichspalten
  Erdbeeren
  Himbeeren
  Brombeeren
Marshmallows
Cantuccini
Salzbrezeln
rosa Waffeln
Stroop-Waffeln (niederländische Karamellwaffeln)

Schokoladendip
500 g Sahne
250 g Zartbitterschokolade (mindestens 60 % Kakaoanteil), gehackt
2 TL Glukosesirup

1 Für den Schokoladendip die Sahne in einem kleinen Topf bis zum Siedepunkt erhitzen. Die gehackte Schokolade in eine hitzebeständige Schüssel geben und die heiße Sahne darübergießen. Beiseitestellen und 5 Minuten ziehen lassen. Sorgfältig umrühren, bis sich Sahne und geschmolzene Schokolade verbunden haben. Den Glukosesirup unterrühren, dann in eine Servierschüssel umfüllen und bis zum Servieren bei Raumtemperatur stehen lassen.

2 Zum Anrichten die Schüssel mit dem Dip in das Zentrum einer mittelgroßen Schieferplatte stellen. Das vorbereitete Obst und die weiteren Zutaten zum Dippen rundherum arrangieren. Gabeln oder Fonduegabeln dazu reichen.

Schokoladenverkostung

FÜR 4 PERSONEN

Verwenden Sie für diese Verkostung nur hochwertige Schokoladen und genießen Sie das Kombinieren und Vergleichen der verschiedenen Geschmacksrichtungen.

- 50 g weiße Schokolade, in Stücke gebrochen, serviert mit Brombeeren und Blaubeeren
- 50 g weiße Schokolade, in Stücke gebrochen, serviert mit Zitronen-, Orangen-, oder Grapefruit-Segmenten
- 50 g Zartbitterschokolade, in Stücke gebrochen, serviert mit Bananenscheiben
- 50 g Zartbitterschokolade, in Stücke gebrochen, serviert mit Ananasstücken und Meersalzflocken
- 50 g Zartbitterschokolade, in Stücke gebrochen, serviert mit getrockneten Aprikosen und Mandelkernen
- 50 g Milchschokolade, in Stücke gebrochen, serviert mit Himbeeren
- 50 g Milchschokolade, in Stücke gebrochen, serviert mit Apfelspalten (siehe Tipps und Tricks, S. 13) und Walnusskernhälften

1 Zum Anrichten eine möglichst große, lange und schmale Marmor- oder Schieferplatte bereitstellen. Die Zutaten für die Verkostung in Reihen arrangieren, sodass leicht zu erkennen ist, welche zusammengehören. Alle möglichen Optionen kombinieren, um zu entscheiden, was Ihnen am besten schmeckt.

TIPP

Für ein extremes Geschmackserlebnis eine sehr dunkle Schokolade (mindestens 70 % Kakaoanteil) mit einer sehr süßen Zutat wie Honig oder sehr reifer Mango kombinieren.

Heißer Schokoladengenuss

FÜR 4 PERSONEN

Ihre Freunde werden schon allein von der heißen Schokolade begeistert sein, von den vielen leckeren Toppings ganz zu schweigen! Ich habe mich aufgeopfert und viele verschiedene Rezepte getestet, bis ich die perfekte heiße Schokolade gefunden habe. Ich hoffe, sie wird Ihnen auch schmecken.

4 Becher Heiße Schokolade (siehe unten)
Schlagsahne oder 1 Dose Sprühsahne
Schokoladenraspeln und -flocken
Mini-Marshmallows
Schokotröpfchen
Zimtpulver
ungesüßtes Kakaopulver
Schokoladensauce
Rum, Baileys oder Frangelico (optional)

Heiße Schokolade
1 l Vollmilch
2 EL ungesüßtes Kakaopulver
2 EL brauner Zucker
100 g Zartbitterschokolade (etwa 60 % Kakaoanteil), gehackt
1 Prise Meersalzflocken

1 Für die Heiße Schokolade 2 EL Milch und das Kakaopulver in einem Topf mit dem Schneebesen zu einer glatten Paste verarbeiten. Die übrige Milch allmählich unterrühren und die Mischung auf mittlerer Stufe zum Sieden bringen. Vom Herd nehmen, dann Zucker und Schokolade mit dem Schneebesen unterrühren. Sobald die Schokolade geschmolzen und eine glatte Mischung entstanden ist, das Salz untermengen und alles auf vier Becher verteilen.

2 Zum Anrichten die vier Becher heiße Schokolade in die Mitte eines mittelgroßen Bretts oder Tabletts stellen. Die Toppings in Schüsselchen oder Häufchen rund um die Becher verteilen und sofort servieren. Erwachsenen können Sie nach Belieben pro Becher einen Schuss (50 ml) Rum, Baileys oder Frangelico anbieten.

TIPP

Für eine dickere heiße Schokolade nach europäischer Art verwenden Sie mehr Zartbitterschokolade.

Prosecco-Cocktails

FÜR ALLE!

Manchmal muss die Party einfach losgehen, und dieses Tablett ist ein großartiger Anfang.

gekühlter Prosecco zum Auffüllen
50 ml Kardamom-Wodka (siehe unten), serviert mit 50 ml Grapefruitsaft
50 ml Sloe Gin (Schlehenlikör), serviert mit Blaubeeren
50 ml Limoncello, mit 5 zerstoßenen Himbeeren
30 ml Holunderblütensirup, serviert mit Gurkenscheiben und frischer Minze
1 TL frisch gepresster Limettensaft, serviert mit frischem Basilikum

Kardamom-Wodka
6–8 Kardamomkapseln
350 ml Wodka

1 Für den Kardamom-Wodka den Wodka in eine saubere Flasche (mit passendem Deckel) füllen, die Kardamom-Kapseln in den Wodka geben und die Flasche fest mit dem Deckel verschließen. Beiseitestellen und 2–3 Tage ziehen lassen. Während dieser Zeit die Flasche ein paarmal schütteln, um die Kardamom-Kapseln darin zu bewegen.

2 Zum Anrichten eine gekühlte Flasche Prosecco auf ein großes Tablett stellen und ein oder zwei weitere Flaschen in einem Weinkühler mit Eis bereitstellen. Eine Auswahl an Gläsern auf dem Tablett platzieren. Zum Servieren die Zutaten für eine der Geschmackskombinationen in ein Glas geben und mit Prosecco aufgießen. Sofort servieren. Am besten im Kühlschrank noch mehr Prosecco bereitstehen haben, um den Weinkühler bei Bedarf aufzufüllen.

TIPP

Für besondere Anlässe können Sie Schüsselchen mit essbaren Blüten, Zitrusscheiben und Scheiben anderer frischer Früchte auf das Tablett stellen, um die Cocktails zu dekorieren.

Register

O

P

R

S

T

V

W

Z

Dank

Es war mir eine große Freude und ein wahr gewordener Traum, dieses Buch zu schreiben. Ich fühle mich unglaublich geehrt. Vielen Dank meinen Freunden und meiner Familie, die verdächtigerweise immer spontan zur Verfügung standen, wenn ich das Testen von Rezepten erwähnte. Vor allem aber danke ich meinem Ehemann Ian und meinem Sohn Theo für ihre immerwährende Unterstützung.

Vielen Dank an das gesamte Team von Octopus: Natalie Bradley für ihren Enthusiasmus von der ersten Minute an, Jaz Bahra für ihren Weitblick und die erheiternde Unterhaltung während des Fotoshoots und Leanne Bryan für all die Unterstützung und dafür, dass sie mich so knapp wie möglich an meinen Abgabetermin kommen ließ! Danke an Jo Smith, die alles entziffert und lesbar gemacht hat.

Vielen Dank an meine Agentin Becky Thomas, die mir immer den Rücken und mein Selbstvertrauen stärkt.

Und schließlich vielen Dank an mein künstlerisches Team. Andrew Burton für die großartigsten Bilder, die ich jemals zwischen Gesprächen über Panini-Sammelhefte und TV-Empfehlungen habe entstehen sehen. An Christina MacKenzie, das Honigwaben liebende Wunder: Nichts reicht an ihre Requisiten, ihre Begeisterung und ihre Ermutigung heran. Und vielen Dank an meine fantastischen Assistentinnen Sophie Edwards und Lucy Gibson, ohne die nie etwas gekocht worden wäre.